*Revision f*

# SPANISH

*GCSE*

• *with answers* •

**ROSELYNE BERNABEU**

**JOHN MURRAY**

## In this series:

| | | |
|---|---|---|
| **Revision for English** | Key Stage 3 *with answers* | 0 7195 7025 5 |
| **Revision for French** | GCSE *with answers and cassette* | 0 7195 7306 8 |
| **Revision for German** | GCSE *with answers and cassette* | 0 7195 7309 2 |
| **Revision for History** | GCSE Modern World History | 0 7195 7229 0 |
| **Revision for Maths** | Levels 3–8 Key Stage 3 and Intermediate GCSE *with answers* | 0 7195 7083 2 |
| **Revision for Science** | Key Stage 3 *with answers* Revised National Curriculum Edition | 0 7195 7249 5 |
| **Revision for Science** | Key Stage 4 *with answers* Revised National Curriculum Edition | 0 7195 7422 6 |
| **Revision for Spanish** | GCSE *with answers and cassette* | 0 7195 7394 7 |

First published in 1998
by John Murray (Publishers) Ltd
50 Albemarle Street
London W1X 4BD

Layouts by Amanda Hawkes
Artwork by Tom Cross
Cover design by John Townson/Creation

Typeset in 12/14 pt Rockwell by Wearset, Boldon, Tyne & Wear
Printed and bound in Great Britain by St Edmundsbury Press, Bury St Edmunds

A catalogue entry for this title is available from the British Library.

ISBN 0 7195 7394 7

# Contents

## A La vida cotidiana

## B La familia, los amigos y el ocio

# C Nuestro entorno

# D El mundo del trabajo

# E El mundo internacional

*A mis padres*

## Acknowledgements

The author and publishers would like to thank Rod Hares and David Mort for their contribution, as first series authors, to the introduction.

The publishers would like to thank the following for permission to reproduce text extracts: Clara pp.18, 91, 109; Mía pp. 21, 29, 38, 50, 118; Muy Interesante pp. 134, 136; Publicaciones Heres p.16; SuperNet Magazine pp.103–104.

Photographs are reproduced courtesy of Ecoscene (p.136), David Simson (p.109 right), Zefa Pictures (p.109 left).

The publishers have made every effort to trace copyright holders, but if they have inadvertently overlooked any they will be pleased to make the necessary arrangements at the earliest opportunity.

# Introduction

## How to raise your grade with *Revision for Spanish GCSE*

**The intention of this book is to ensure that you achieve the best possible grade in your GCSE Spanish. The following notes offer some advice on how best to use the book.**

### ■ Work on all the units

The five units of *Revision for Spanish GCSE* deal with the five Areas of Experience you need to cover. Make sure you practise all five areas. The last unit is slightly harder, on average, than the earlier units. Working through the book will help to raise the level of your work. However, if you are working on a particular Area in class, it makes sense to practise tasks from the unit which covers that Area: take your teacher's advice.

### ■ Practise all the skills

Each task has a symbol which indicates which skill is practised in the task:

| | | | |
|---|---|---|---|
| 🔊 | Listening | ✍ | Speaking |
| 📖 | Reading | ✍ | Writing |

You should work on all four skills, but these symbols make it easy for you to find tasks which concentrate on the skills you need to practise most.

### ■ How hard are the tasks?

The tasks are aimed at Grade C and above, but the difficulty varies within a unit, so you should find that you can gradually do more and more of the tasks.

### ■ Follow the tasks in order

Most of the printed texts and listening items have more than one task based on them. It is best to follow the tasks in order, as the last tasks are often the hardest. So, make sure you start with the first of the tasks, even if it looks easy to you.

### ■ Use the cassette

The cassette includes not only the Listening items, but also a recording of the 'examiner's' part for each Speaking role-play. This enables you to practise role-plays independently. The transcripts of the cassette recordings are provided at the back of the book, but you should refer to them only *after* completing work on a task – either to check your answers or to check any part of the recording you could not understand.

■ **Check your Listening and Reading work**

After each Listening or Reading task there is an indication of the maximum marks attainable for that task, and a 'target mark', for example **[9 puntos: 6/9]**. This gives you an indication of the score that might be expected of a student working at Grade C level. Occasionally, for easier tasks, the target is full marks. When you have finished a section of work, you can check your answers against the answers at the back of the book, but of course your marking needs to be completely honest if it is to be useful!

■ **Check your Speaking and Writing work**

There are no marks indicated for Speaking and Writing tasks, as it is almost impossible to self-check performance in these skills. For these tasks, your teacher or supervisor will need to check your work, so when you are working on your own, you will need to make a recording of your Speaking tasks.

## Using a dictionary

■ You will be allowed a dictionary in the GCSE examination, except (for most examination boards) in the Listening. There are obvious advantages to this, but there are also problems. Using a dictionary can be very time-consuming and, if a word has more than one meaning – many do! – you might end up using the wrong one. Try to use the dictionary as little as possible.

■ If you are reading and come across a Spanish word you don't know, ask yourself two crucial questions:
– Is it essential to understand that word in order to answer the questions? If not, don't waste time on it!
–What is the context? Looking carefully at the context may enable you to guess the likely meaning before you check it in the dictionary. This will save time and effort.

■ If you are writing in Spanish, try to stick to the vocabulary you know – it is safer, and quicker. If you have to look something up, read the dictionary entry carefully to make sure the meaning of the Spanish word is really the one you want.

# Strategies for a successful revision programme

- Once you have attempted a task, come back to it a couple of weeks later, if you did not achieve the target minimum (Reading or Listening tasks) or if you want to improve your mark.

- With Listening tasks, feel free to listen as many times as you like before starting your task, when you start your revision and practice programme. However, as you approach exam time, it would be sensible to tackle some listening tasks according to the timing and play-back requirements of your GCSE exam – check these with your teacher or syllabus.

- With role-play tasks, take some time to prepare what you are going to say before you start the cassette. In the exam, there will be around ten minutes to prepare (check with your teacher as to exactly how long your particular exam will allow).

- Each week, flick back through the work you did, say a fortnight ago, to help your memory retain as much as possible of what you have done. Now and then, look back further – you'll be surprised to see how much easier those tasks now seem!

- When you have finished work on a particular piece, learn the key vocabulary that went with it. Here are two techniques you could try:
  – Record vocabulary on cassette and play it back when you have the opportunity, for example when you are walking the dog, on the way to school/college, washing up, baby-sitting, just before you go to sleep, etc.
  – Cut up some card and write a word or phrase on each piece – Spanish on one side, English on the other. Test yourself using the cards and put them into two piles – one for the words or phrases you know, one for those you still need to learn. Put the words you have learnt to one side and come back to them a week later to make sure you still remember them.

## ABC exam tips

Use the tasks in *Revision for Spanish GCSE* to practise these three key ABC routes to exam success:

**A** **ANSWER WHAT IS ASKED** It is crucial to read the instructions calmly and carefully to make sure you are answering the question.

**B** **BEAT THE CLOCK** To make the most of the time available, do what you can and then come back to the most difficult questions. Don't spend fifteen minutes on a one-point question until you have been right through the paper – you could be using that time to score far more points on another task.

**C** **THE CONTEXT COUNTS** The context will often help you to work out the likely meanings of unfamiliar words.

# Glossary of Spanish instructions

These instructions (or 'rubrics') are the ones that will be used in your GCSE exam so you obviously need to become familiar with them. The English translations are given here but you should try to reach the stage where you understand the instructions without having to look them up.

## Listening

| Spanish instruction | English meaning |
|---|---|
| Añade | Add |
| Busca la palabra, la frase, los errores | Find the word, sentence, errors |
| Cambia los detalles siguientes | Change the following details |
| Coloca en el orden correcto/ordena | Put in the correct order |
| Contesta por escrito | Answer in writing |
| Copia la letra/el número/el nombre/la palabra/la frase correcto/a | Copy the correct letter/number/name/word/sentence |
| Completa el cuadro (la tabla), la frase siguiente, la lista, la descripción, el formulario (la ficha) | Complete the table, the following sentence, the list, the description, the form |
| Corrige los errores, las palabras subrayadas | Correct the errors, the underlined words |
| ¿Cuál/cuáles . . . ? | Which? |
| ¿Cuáles de las explicaciones corresponden a . . . ? | Which of the explanations correspond to . . . ? |
| ¿Cuáles son las diferencias entre . . . ? | What are the differences between . . . ? |
| Da la información requerida | Give the requested information |
| Decide cuál del/de los/de la/de las . . . | Decide which of the . . . |
| Dibuja | Draw |
| Elige | Choose |
| Ejemplo | Example |
| Empareja | Match up |
| En cada casilla, pon el número del párrafo, de la frase, de la pregunta, de la palabra que corresponde a . . . | In each box write the number of the paragraph, the sentence, the question, the word corresponding to . . . |
| Encuentra el error | Find the error |
| Escoge la descripción que corresponde mejor | Choose the best description |
| Escribe (el número, la letra, una lista, las palabras que faltan) | Write (the number, the letter, a list, the missing words) |
| Escucha (atentamente) la cinta, la conversación, el anuncio, el diálogo | Listen (carefully) to the tape, the conversation, the announcement, the dialogue |
| Estás oyendo . . . | You are listening to . . . |
| Haz un círculo en . . . | Circle . . . |

# Listening (continued)

| Identifica | Identify |
|---|---|
| Incluye | Include |
| Indica (con una equis (✗), una marca o una señal (✓) en la(s) casilla(s) correcta(s)) | Indicate (with an ✗, a symbol or a tick (✓) in the correct box(es)). |
| Indica en el plano | Indicate on the map |
| Indica sí o no/las diferencias | Indicate yes or no/the differences |
| No necesitarás todas las letras, los números | You will not need all the letters, the numbers |
| Numera (los diálogos siguientes) | Number (the following dialogues) |
| Ordena | Put in order |
| Pon (en orden) | Put (in the correct order) |
| Pon una señal así (✓) al lado de sólo 5 letras/casillas | Indicate in this way (✓) next to 5 letters/boxes only |
| Pon una equis (✗) al lado de la palabra/la frase/el dibujo/número/ correcto/a | Put a cross (✗) next to the correct word/sentence/drawing/number |
| Por ejemplo | For example |
| Relaciona con . . . | Match up |
| Rellena la ficha/el formulario | Fill in the form |
| Rellena las casillas/la tabla | Fill in the boxes/the table |
| Rellena los detalles | Fill in the details |
| Rellena los espacios/los blancos/los huecos | Fill in the blanks |
| Subraya (la palabra/frase/correcta/falsa) | Underline (the correct/false word/sentence) |
| Sustituye (la frase/la palabra, etc.) por . . . | Substitute (the sentence/word, etc.) with . . . |
| Tacha (la palabra, frase, etc., falsa) | Delete (the wrong word, sentence, etc.) |
| Vas a oír un mensaje, un programa, un reportaje en la radio, una interviú entre dos personas | You are going to hear a message, a programme, a report/account on the radio, an interview between two people |
| Vas a oír la conversación dos veces | You are going to hear the conversation twice |
| Verdad/mentira/no se sabe | True/false/don't know |
| Verdadero/falso | True/false |
| Y ahora, ¡A ti!/te toca a ti | And now, it is your turn! |

# Speaking

| Spanish instruction | English meaning |
|---|---|
| Comenta | Comment |
| Compara | Compare |
| Contesta a (las preguntas del examinador/de la examinadora) | Answer (the examiner's questions) |
| Cuenta | Tell |
| Da la información siguiente | Give the following information |
| Da las gracias | Say thank you |
| Da tu opinión sobre | Give your opinion on |

# GLOSSARY OF SPANISH INSTRUCTIONS

## Speaking (continued)

| | |
|---|---|
| Decide (cómo) | Decide (how) |
| Describe | Describe |
| Di ¿Por qué? ¿Cómo? | Say why? How? |
| Ejemplo | Example |
| Explica | Explain |
| Habla de . . . | Talk about . . . |
| Haz el papel de . . . | Take the role of . . . |
| Haz preguntas | Ask some questions |
| Haz un diálogo | Make up a dialogue |
| Haz un resumen | Do a summary |
| Haz una entrevista | Interview |
| Imagina | Imagine |
| Justifica tu opinión | Justify your opinion |
| Menciona | Mention |
| No te olvides | Do not forget |
| Pide | Ask |
| Pregunta | Ask |
| Prepara una presentación oral sobre . . . | Prepare an oral presentation on . . . |
| Preséntate | Introduce yourself |
| Saluda a . . . | Greet . . . |
| Según la información | According to the information |
| Sugiere | Suggest |
| Termina la conversación | End the conversation |
| Utiliza los símbolos siguientes para hacer un diálogo | Use the following symbols to create a dialogue |
| Y ahora, ¡A ti!/te toca a ti | And now it's your turn! |

## Reading

| Spanish instructions | English meaning |
|---|---|
| Apunta | Jot down |
| Busca al intruso | Find the odd one out |
| Busca la palabra, la frase, los errores | Find the word, the sentence, the errors |
| Cada una de estas frases/párrafos contiene un error . . . | Each of these sentences/paragraphs contains an error |
| Coloca en el orden correcto | Put in the right order |
| Completa el cuadro (la tabla), las frases (siguientes), la lista, la descripción, el formulario | Complete the table, the (following) sentences, the description, the form |
| Contesta a las preguntas (abajo) | Answer the questions (below) |

# Reading (continued)

| | |
|---|---|
| Copia la palabra correcta, la frase, el número, la letra, el nombre | Copy the correct word, sentence, number, letter, name |
| Corrige los errores, las palabras subrayadas | Correct the errors, the underlined words |
| ¿Cuáles son las diferencias entre los dos dibujos/párrafos/frases/textos? | What are the differences between the two drawings/paragraphs/sentences/texts? |
| Da | Give |
| Dibuja | Draw |
| Elige | Choose |
| Ejemplo | Example |
| Empareja el dibujo/la imagen con . . . | Match up the drawing/the picture with . . . |
| En cada casilla | In each box |
| Escoge | Choose |
| Escribe la letra correcta/el número correcto en la casilla | Write the correct letter/number in the box |
| Escribe V (verdadero) o F (falso) . . . | Write V (verdadero = true) or F (falso) . . . |
| Haz un círculo | Circle |
| Haz una lista (de las ventajas/inconvenientes) | Make a list (of the advantages/inconveniences) |
| He aquí una lista/alguna información/una postal/una carta/unos anuncios/un texto/un extracto de un periódico/una revista/etc. | Here is a list/some information/a postcard/a letter/some adverts/a text/an extract from a newspaper/magazine, etc. |
| Indica (con una señal (✓)/con una equis (✗)) | Indicate (with a tick/with a cross) |
| La palabra/frase subrayada no es correcta. Escribe la palabra/frase correcta | The underlined word/sentence is not correct. Write the correct word/sentence |
| Lee atentamente el texto, la noticia, la carta | Read carefully the text, the notice, the letter |
| Menciona los detalles/datos . . . | Mention the details . . . |
| Mira los dibujos, las fotos | Look at the drawings, the photos |
| No necesitarás todas las palabras | You will not need all the words |
| Ordena | Put in order |
| Pon el número del párrafo/de la frase/de la pregunta/de la palabra que corresponde a . . . | Write the number of the paragraph/of the sentence/of the question/of the word corresponding to . . . |
| Pon en el orden correcto | Put in the right order |
| Pon una equis (✗)/una señal (✓) en la/cada casilla adecuada/correcta/el número de . . . , la letra, los títulos | Put an ✗ in the/each correct/relevant box; put the number of . . . , the letter, the titles |
| Relaciona | Match up |
| Rellena las casillas, los huecos (blancos, espacios) con las palabras adecuadas | Fill in the boxes, the blanks with the correct words |
| Sólo una de estas frases es correcta | Only one of these sentences is correct |
| ¿Son verdaderas o falsas las siguientes afirmaciones? Si son falsas escribe la versión correcta | Are these sentences true or false? If false, give the correct answer |
| Subraya la palabra/frase correcta | Underline the correct word/sentence |
| Sustituye la frase, la palabra, por . . . | Replace the sentence, the word, with . . . |
| Tacha | Delete |

# GLOSSARY OF SPANISH INSTRUCTIONS

## Reading (continued)

| | |
|---|---|
| Tienes que corregir la palabra, la frase | You need to correct the word, the sentence |
| Verdad/mentira/no se sabe | True/false/don't know |
| ¿Verdadero o falso? | True or false? |
| ¿Verdadero o mentira? | True or false? |

## Writing

| Spanish instructions | English meaning |
|---|---|
| Cambia los detalles | Change the details |
| Compara | Compare |
| Completa la tabla, las frases, la lista, la descripción, el formulario | Complete the table, the sentences, the list, the description, the form |
| Completa los detalles en español | Complete the details in Spanish |
| Contesta a las preguntas | Answer the questions |
| Corrige los errores | Correct the errors |
| Cuenta tus impresiones, lo que has hecho, dicho, oído | Describe your impressions, what you have done, said, heard |
| Da tu opinión sobre . . . | Give your opinion on . . . |
| Decide | Decide |
| Describe | Describe |
| Escoge tema 1 o 2 | Select topic 1 or 2 |
| Escribe 100 palabras más o menos, un artículo, un breve ensayo | Write around 100 words, an article, a short essay |
| Escribe el número, la letra, una lista | Write the number, the letter, a list |
| Escribe unas notas, una descripción, un resumen, una carta (contestando a las preguntas), una postal, una respuesta | Write some notes, a description, a summary, a letter (answering the questions asked), a postcard, an answer |
| Explica | Explain |
| Haz un resumen | Do a summary |
| Haz una comparación | Make a comparison |
| Imagina | Imagine |
| Incluye | Include |
| Justifica tu opinión | Justify your opinion |
| Lee este artículo en el periódico, una revista y decides escribir para dar tu opinión | You read this article in the paper, a magazine, and you decide to write in to give your opinion |
| Menciona . . . | Mention . . . |
| No te olvides | Do not forget |
| Pon en orden | Put in order |
| Prepara un programa | Prepare a schedule |
| Relata tus impresiones, lo que has hecho, dicho, oído | Describe your impressions, what you have done, said, heard |
| Según la información | According to the information |

# A La vida cotidiana

## Alfonso describe su instituto

### 1 Escucha y contesta

Alfonso habla de su día en el instituto. Lee estas frases y escribe V (verdad) o F (falso) en las casillas.

1 El instituto se encuentra bastante lejos del centro de la ciudad. ☐
2 El instituto se encuentra bastante lejos de la playa. ☐
3 A Alfonso le gusta ir siempre al instituto. ☐
4 Las clases empiezan a las ocho. ☐
5 Alfonso vuelve a casa en autobús. ☐
6 A Alfonso le gusta cenar en un restaurante. ☐
7 Su asignatura favorita es el francés. ☐
8 Alfonso prefiere el profesor de biología al profesor de inglés. ☐
9 En el instituto se puede llevar vaqueros. ☐
10 En el instituto se puede fumar en los pasillos. ☐

[10 puntos: 🎯 7/10]

### 2 Habla

Describe tu instituto. Menciona:

- si el edificio es moderno o viejo
- cómo son los profesores
- tus asignaturas favoritas
- una cosa que te gusta
- una cosa que no te gusta.

# El horario de Jorge

## 1 Lee y contesta

Lee el horario y completa la tabla con una señal ✓ en el espacio adecuado.

| Horas | lunes | martes | miércoles | jueves | viernes |
|---|---|---|---|---|---|
| **09.00–10.00** | biología | lengua española | física | arte | matemáticas |
| **10.00–11.00** | inglés | lengua española | química | historia | literatura española |
| **11.00–11.20** | R | E | C | R | E | O |
| **11.20–12.20** | literatura española | arte | matemáticas | geografía | inglés |
| **12.20–13.20** | matemáticas | inglés | biología | geografía | lengua española |
| | | | | | |
| **16.00–17.00** | geografía | física | deportes | química | biología |
| **17.00–18.00** | arte | matemáticas | deportes | música | historia |

| | Verdad | Mentira | No se sabe |
|---|---|---|---|
| **1** Jorge estudia muchas asignaturas científicas. | | | |
| **2** Jorge estudia muchos idiomas extranjeros. | | | |
| **3** No hay cantina en su colegio. | | | |
| **4** Tiene poco tiempo para comer. | | | |
| **5** Tiene dos horas diarias de deportes. | | | |
| **6** Juega al baloncesto y al fútbol. | | | |
| **7** Tiene cinco horas de español en total. | | | |
| **8** Más tarde quiere ser científico. | | | |

[8 puntos: 🎯 5/8]

## 2 Escribe

**A** Rellena el horario abajo con todas las asignaturas posibles.

| Horas | lunes | martes | miércoles | jueves | viernes |
|---|---|---|---|---|---|
| | | | | | |
| | | | | | |
| | | | | | |
| | | | | | |
| | | | | | |
| | | | | | |
| | | | | | |
| | | | | | |

**B** Imagina tu colegio ideal.  (100–120 palabras)

- ¿Cómo sería el uniforme?
- Describe los edificios que compondrían el colegio.
- ¿Cómo serían los profesores?
- ¿Tu horario ideal?

# El horario de Rocío

### 1 Escucha y contesta

Rocío habla de su horario para el martes. Rellena los huecos.

| | Clase | Asignatura | Aula | Hora que empieza |
|---|---|---|---|---|
| *Ejemplo:* | 1 | *historia* | *34* | *09.00* |
| | 2 | | | |
| | 3 | | | |
| | 4 | | | |
| | 5 | | | |

[12 puntos: 9/12]

### 2 Escribe

Tu amiga española va a pasar un día en tu instituto. Escríbele para explicar el día. Menciona:

- transporte al instituto
- tu horario para el día
- la duración de cada clase
- tu clase favorita
- una clase que no te gusta
- tu profesor favorito/profesora favorita
- adónde vais a almorzar.

### 3 Habla: diálogo

Describe cómo pasas un día en tu instituto. Mira los dibujos, escucha el casete y contesta a las preguntas. Tu amigo habla primero.

1

2

3

4

5

6

7

## Una carta

### 1 Lee y contesta

Lee este fragmento de una carta. Contesta a las preguntas. Escribe a, b o c en la casilla.

> A las seis y media esta mañana, estaba todavía en la cama. El despertador no había sonado, y mi padre llamó a la puerta preguntando por qué no me había levantado hace diez minutos.
>
> A las siete tengo que estar en la parada de autobuses. Pero esta mañana el bus ya había salido. Volví a casa y mi padre ofreció llevarme al colegio en coche. ¡Qué suerte! Normalmente tardo una hora en llegar pero en el coche de mi padre el viaje duró veinte minutos menos. Los martes tengo primero una clase de geografía. ¡Qué aburrimiento! Luego una clase de Inglés. Luego charlo con mis amigos y a la una salgo a hacer unas compras. Por las tardes tengo dos clases más, y luego vuelvo a casa. A las 18:00 horas estoy cansado pero tengo que empezar mis deberes. ¡Cuánto trabajo!
>
> Los fines de semana tengo un poco de tiempo libre y me gusta practicar deportes. El baloncesto es mi favorito y en mi equipo ¡soy el capitán!
>
> ¡Escribe pronto!
>
> Ricardo

*Ejemplo:* ¿A qué hora debe levantarse Ricardo?

a 06.20

b 05.30

c 07.00

| a |

**1** ¿Cómo va Ricardo al colegio normalmente?

**a** 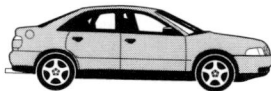 **b** 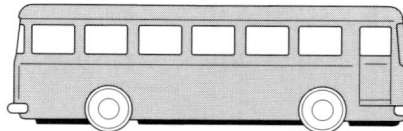 **c**

| |

**2** ¿Cómo va Ricardo al colegio ese día?

**a**  **b** 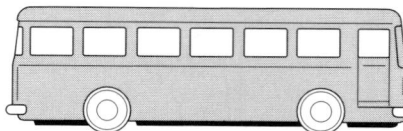 **c**

| |

**3** ¿Cuánto tiempo dura el viaje al colegio normalmente?
  **a** 20 minutos
  **b** 40 minutos
  **c** 60 minutos

| |

**4** ¿Cuánto tiempo dura el viaje al colegio ese día?
  **a**  20 minutos
  **b**  40 minutos
  **c**  60 minutos

**5** ¿Qué asignatura prefiere Ricardo?
  **a**  la geografía
  **b**  el inglés
  **c**  la historia

**6** ¿Qué tiene que hacer Ricardo después de las seis de la tarde?
  **a**          **b**          **c**

**7** ¿Qué días practica deportes Ricardo?
  **a**  sábado y domingo
  **b**  lunes y martes
  **c**  miércoles y jueves

**8** ¿Cuál es su deporte preferido?
  **a**          **b**          **c**

**9** ¿Cómo se sabe que Ricardo juega bien?
  **a**  Juega mucho.
  **b**  Manda el equipo.
  **c**  Dice que juega bien.

[9 puntos:  6/9]

## 2 Habla: diálogo

Describe cómo empiezas cada día. Mira los dibujos, escucha el casete y contesta a las preguntas. Tu amiga habla primero.

**1**          **2**          **3**

**4**          **5**          **6**

# El instituto de Irene

## 1 Lee y contesta

Lee la redacción de Irene y rellena la tabla con la información correcta.

EL INSTITUTO
Irene Cuevas (1º E)

Desde el primer día que entré al Instituto, lo que más he pasado ha sido sueño.

Hay algunas cosas del Instituto que me gustan, por ejemplo, el laboratorio, la historia (las diapositivas, la forma de enseñarnos . . .), gimnasia, que las clases sean de cincuenta minutos, que haya dos recreos, las actividades libres, el interés de los profesores hacia nosotros . . .

Yo creo que en el Instituto hay una buena organización de las clases, seminarios, biblioteca y todo eso. De momento, por lo menos en el poco tiempo que llevo aquí, estoy bastante contenta . . . excepto con lo de empezar a las 8.30 de la mañana.

Lo que más me gusta de todo, es que me haya tocado el turno matutino. Aunque se empiece pronto, creo que yendo por la mañana tengo una mejor organización del tiempo para estudiar y hacer deberes (abundantes, por cierto). Creo que si fuera por la tarde no podría sacarme el curso.

| A Lo que le gusta | B Lo que no le gusta | C Lo que prefiere y ¿por qué? |
|---|---|---|
| 1 | 8 | 9 |
| 2 | | |
| 3 | | |
| 4 | | 10 Porque |
| 5 | | |
| 6 | | |
| 7 | | |

[10 puntos: 6/10]

## 2 Escribe

Escribe un párrafo describiendo tus impresiones al llegar a tu nuevo colegio. Menciona:

- los alumnos
- los profesores
- las clases
- la cantina
- los deberes
- el ambiente general.

# El profesor de inglés

## 1 Lee y contesta

Cinco jóvenes hablan de su profesor de inglés, el señor Carrasco.

¿El señor Carrasco? Lleva quince años en nuestro instituto y me parece que ya está harto de su trabajo. Nos dice que ha pasado mucho tiempo en Inglaterra y que habla inglés con soltura, pero a mí me parece que no sabe contestar a nuestras preguntas y a veces inventa cosas. Además, se enfada muy fácilmente. ¡Ojalá pudiera cambiar de profe!
**Pepe**

¿El señor Carrasco? Es siempre muy severo con nosotros pero como entre mis amigos hay unos que quieren hacerse los tontos cuando puedan, me gusta que el profe sea así. He aprendido tantas cosas en sus clases que tengo que decir que es mi profesor predilecto.
**Ricardo**

El señor Carrasco es aficionado del Real Madrid. Va a todos los partidos y no habla de otra cosa. Es seguro que su equipo le es más importante que su trabajo.
**José**

El señor Carrasco lleva tres años enseñándome inglés. No cabe duda de que sabe mucho inglés. Ha pasado tiempo allí y siempre sabe contestar a mis preguntas. Si tengo que criticarle, es que me parece que debería ser más severo con los alumnos porque son muchos los que hacen los tontos en sus clases.
**Cristina**

¿El señor Carrasco me enseña inglés desde hace tres años. Ni siquiera sé decir mi nombre y mi edad en inglés. Pero no digo que esto sea culpa suya. Es que soy muy vaga y nunca hago mis tareas. ¡Ojalá hubiera estudiado más! Mis amigos han aprendido mucho de ese señor.
**Mariluz**

Escribe el nombre de la persona que tiene las opiniones siguientes:

1 El señor Carrasco es experto en inglés pero debe castigar más a los que no se comportan bien en clase.

   **Nombre** .................................................................................................

2 El señor Carrasco es buen profesor y si yo hubiera trabajado más hablaría inglés bastante bien.

   **Nombre** .................................................................................................

3 El señor Carrasco no es experto en inglés y es mal profesor.
   **Nombre** .................................................................................................

4 Al señor Carrasco le gusta el deporte demasiado.

   **Nombre** .................................................................................................

5 El señor Carrasco es buen profesor y hace lo necesario con los que quieren hacerse los tontos en clase.

   **Nombre** .................................................................................................

[5 puntos: 3/5]

## 2 Habla

Use the following pictures to describe one of your teachers. Describe what he or she looks like, wears and does.

**1**

**2**

**3**

**4**

## 3 Escribe

Una nueva profesora acaba de llegar a tu instituto. Escribe una carta a tu amigo español describiéndola. Menciona:

■ cómo es
■ lo que lleva
■ lo que enseña
■ cuándo llegó
■ tu opinión sobre sus clases
■ la opinión de tus compañeros
■ un incidente en clase.

## La casa de Silvia

Granada, 19 de agosto de 1997

Querida Jane:

Soy tu nueva amiga española. Me llamo Silvia y tengo 16 años. Mi profesora de inglés me ha dado tu dirección para que podamos escribirnos. Soy alta, rubia, con los ojos castaños. Mis amigas dicen que soy bastante guapa, pero no sé. Soy muy simpática y me gusta salir con los amigos.

Mi casa es muy bonita. Es un chalet con un jardín precioso lleno de flores – hay unos geranios enormes y una fuente de ladrillos azules y blancos. La casa tiene un piso solamente, con cuatro dormitorios, una cocina integral, un salón-comedor bastante grande, dos salas de baño y dos aseos. Mi dormitorio es mi cuarto preferido porque es azul marino y allí tengo mi equipo estéreo y mis estantes con libros, fotos y discos. En las paredes tengo muchos pósters de cantantes famosos. También tengo mi propio teléfono con el cual llamo a mis amigas cada tarde. A veces mis padres me riñen porque dicen que paso demasiado tiempo charlando en vez de hacer mis deberes. Tenemos un despacho con un ordenador y CD Rom que me encanta usar. Sirve para aprender un sinfín de cosas (tenemos una enciclopedia en CD Rom) pero también tenemos muchos juegos que son muy divertidos.

¿A ti te gusta la informática? ¿Cómo es tu casa? ¿Son estrictos tus padres? ¿Tienes hermanos? No sé si a ti te gusta donde vives, pero a mi me encanta mi casa. Espero que pronto puedas venir aquí a verla.

Un abrazo,

Silvia

### 1 Lee y contesta

Contesta en inglés a las preguntas abajo:

1 Give four details about Silvia. [4]
2 Give four details about her house. [4]
3 Give four details about her bedroom. [4]
4 Why do her parents tell her off sometimes? [2]
5 Give two reasons why she enjoys using her computer. [2]

[16 puntos: 10/16]

## 2 Escribe

Escoge o tema A o tema B.

**A** Escribe ahora una carta a Silvia. (120 palabras)
Háblale de ti, tu familia y tu casa. No te olvides de contestar a todas las preguntas en su carta.

**B** ¿Te gustaría visitar su casa en Granada? Explica tus razones incluyendo los puntos abajo:
- la personalidad de Silvia
- sus intereses
- su casa
- la región donde ella vive.

## 3 Habla: diálogo

Estás pasando una quincena en Granada con Silvia. Hazle preguntas usando los dibujos y escucha sus contestaciones en el casete.

*Ejemplo:*

*¿A qué hora te levantas por la mañana?*

**1**

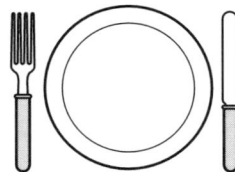  

**2**                                              **3**

## Los quehaceres de la casa

### 1 Escucha y contesta

Escucha a los cinco jóvenes. Hablan de lo que hacen en casa para ayudar.
Pon unas señales (✓) en las casillas correctas. Pepe habla primero.

|  |  |  |  |  |  |  |  |  |
|---|---|---|---|---|---|---|---|---|
| **Pepe** |  |  |  |  |  |  |  |  |
| **José** |  |  |  |  |  |  |  |  |
| **Pablo** |  |  |  |  |  |  |  |  |
| **Sebastián** |  |  |  |  |  |  |  |  |
| **Conchita** |  |  |  |  |  |  |  |  |

[10 puntos: 7/10]

### 2 Escribe

Tu amigo español ha escrito preguntándote lo que haces en casa para
ayudar. Escríbele una carta. Menciona:

- los quehaceres que haces
- cuándo haces estos quehaceres
- las tareas que te gustan y las tareas que no te gustan
- si recibes dinero cuando ayudas en casa
- lo que haces con el dinero.

# Limpiar ¡qué horror!

## 1 Escucha y contesta

**A** Pon una señal (✓) debajo de las actividades que Mario tiene que realizar en casa. Pon una equis (✗) debajo de las que no hace.

| | | | | | | | |
|---|---|---|---|---|---|---|---|
| | | | | | | | |

**[8 puntos: 5/8]**

**B** ¿Quién es? Escribe el nombre de Mario o Susana.

| | | Nombre |
|---|---|---|
| *Ejemplo:* | *Tiene que ocuparse de un animal.* | *Susana* |
| 1 | Está harto de hacer tanto. | |
| 2 | Tiene un cuarto muy desarreglado. | |
| 3 | Hace su cama cada día. | |
| 4 | Tiene un día de descanso a la semana. | |
| 5 | No tiene obligación de ayudar en casa. | |
| 6 | Piensa que su amigo tiene una vida espantosa. | |

**[6 puntos: 4/6]**

## 2 Escribe

Tu madre quiere que tu hermano y tú ayudéis en casa. Haz una lista para tu hermano de las cosas que él tiene que hacer hoy.

*Ejemplo:*

```
1 planchar la ropa
2
3
4
5
6
```

## El nuevo hombre y las tareas domésticas

### 1 Lee y contesta

# ¿no sabe?
## enséñale

Nosotras te mostramos unas pequeñas lecciones magistrales que tú te encargarás de impartirle con el máximo cariño que te sea posible. Y ante todo, paciencia, mucha paciencia: la vas a necesitar.

¡Se acabó! Nosotras también tenemos derecho a disfrutar de nuestro tiempo libre como él. Por tanto, ha llegado la hora de que colabore en las tareas domésticas. ¡Y no hay excusa!

### FREGAR LOS PLATOS

● De todas las labores del hogar, ésta es la que más practican los hombres y la que más 'sabiamente' utilizan de excusa para justificar que ellos también 'hacen algo'.

● Su dominio del lavado de platos a mano es – dentro de lo que cabe – bastante aceptable. Convendría, sin embargo, pulirles la manía de echar medio bote de lavavajillas – por su inexplicable amor a la abundante espuma – y el vicio de tener el grifo abierto, derrochando litros de agua, mientras están enjabonando. Por lo demás, bien.

● En cuanto al lavavajillas, sería un gran invento si no fuera por un pequeño detalle: se tienen que meter los platos dentro y luego, sacarlos, dos tareas que nunca están dispuestos a hacer. En este caso, no hay nada que enseñar porque la cosa es muy sencilla. Se trata más bien de conseguir, de una vez por todas, que lo haga. ¿Cómo? Llegando a un justo acuerdo: un día tú, un día yo.

**A** Contesta a las preguntas abajo.
1 ¿Cómo tienen las mujeres que enseñar estas tareas a los hombres?  [2]
2 ¿Qué tarea realizan más a menudo los hombres?  [2]
3 ¿Por qué gastan tanto detergente?  [2]
4 ¿De qué vicio habla el periodista?  [2]
5 Nombra los dos inconvenientes de un lavavajillas (lavaplatos).  [2]

[10 puntos:  5/10]

**B** Escribe en la casilla la letra más adecuada.

**1** El artículo es:
  **a** serio
  **b** triste
  **c** cómico ☐

**2** Se trata de ........... al hombre.
  **a** dominar
  **b** educar
  **c** castigar ☐

**3** La tarea que el hombre prefiere es:
  **a** planchar
  **b** coser
  **c** lavar la vajilla
  **d** barrer el suelo ☐

**4** Un lavavajillas es:
  **a** agotador
  **b** poco práctico
  **c** muy complicado
  **d** una apreciable ayuda ☐

[4 puntos: 🎯 3/4]

## 2 Habla: diálogo

You are in a shop buying a dishwasher. The model you like is too big for your small kitchen. Ask whether they have something similar but smaller and in a different colour. Ask the price. Ask whether they have a home delivery service. Listen to the cassette. You speak first.

**1** Saluda al empleado.
**2** ¿Lavavajillas?
**3** Te gusta pero ¿tamaño? ¿color?
**4** Explica el problema.
**5** Contesta a la pregunta. ¿Precio?
**6** ¿Transporte?

## Pon una máquina en tu vida

Limpiar en profundidad sólo se consigue con los elementos adecuados, a una presión de 4,5 Bar...

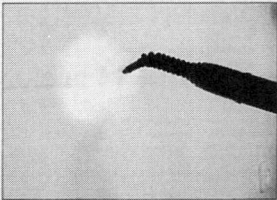

Sólo con la fuerza del vapor se puede lograr una *desinfección e higiene total.*

Dejar perfectas las juntas de las baldosas *ya no es un problema.*

Una transparencia perfecta con el mínimo esfuerzo.

Con un pequeño cepillo llegará a todos los rincones.

# LO QUE PUEDE HACER
# EL VAPOR
# Y
# TU NO

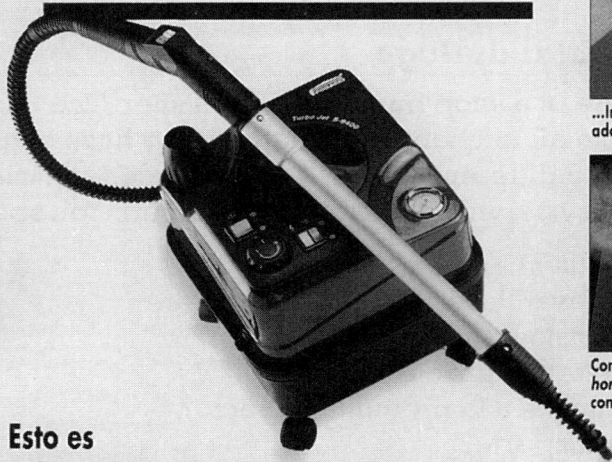

Esto es
sólo una muestra
de lo que Ud. puede hacer
**GRACIAS A FOGACCI:**
*Campeón en el mundo del vapor.*

**Las turbovaporosas de FOGACCI
Vapor por fuerza**

Accesorio para tapicerías ahorrará mucho dinero en limpiezas específicas, de casa y del coche.

De forma cómoda y rápida dejará sus suelos relucientes,...

...Incluso alfombras y moquetas adquirirán su prestancia original.

Consiga un planchado profesional tanto horizontal como vertical. No se conforme con menos.

RESPETUOSA CON EL MEDIO AMBIENTE

**di qu4ttro**

**FOGACCI**
DIVISIONE HABITAT

GRIS 5400

ECO-COMBI

430

TOP-ONE

## 1 Lee y contesta

**A** Empareja cada imagen con la descripción más adecuada.
*Ejemplo:*

**1**

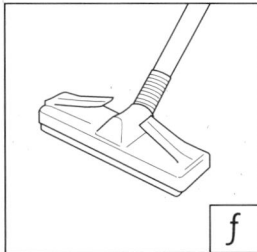

**2**

**3**

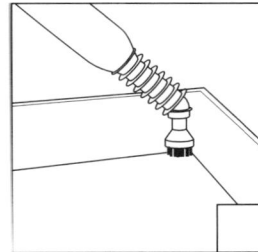

**4**

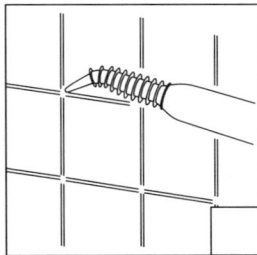

**5**

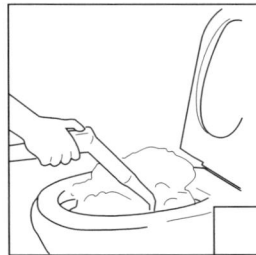

**6**

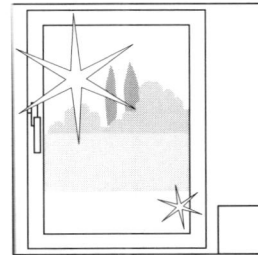

**a** Deja los cristales perfectamente limpios.
**b** Permite llegar en todos los rincones.
**c** Permite un planchado profesional.
**d** No cuesta demasiado.
**e** Garantiza unos aseos limpios.
**f** Deja las moquetas y alfombras como nuevas.
**g** Limpia hasta las paredes de baños y cocinas.

[5 puntos: 3/5]

**B** Después de leer la publicidad, completa las frases con las palabras adecuadas de la casilla abajo. No es necesario utilizar todas las palabras.

*Ejemplo:* *El accesorio para tapicerías permite **ahorrar** dinero.*

1 La máquina permite dejar los suelos ............................... .
2 En el aseo permite ............................... una higiene total.
3 Permite limpiar los cristales con el ............................... trabajo.
4 El pequeño cepillo permite llegar en todos los ............................... .
5 La máquina no agrava la ............................... .
6 Restaura el ............................... original de las alfombras.
7 Permite planchar la ropa de manera ............................... .

| | | | | | |
|---|---|---|---|---|---|
| lograr | solución | aspecto | rincones | problema | relucientes |
| contaminación | ahorrar | mínimo | esquinas | perfecta | |

[7 puntos: 5/7]

# LA VIDA COTIDIANA

**C** Lee otra vez la publicidad y marca con ✓ si la frase es verdadera o falsa.

| El vapor . . . | Verdad | Falso |
|---|---|---|
| *Ejemplo: permite lavar los suelos.* | ✓ | |
| **1** permite lavar la ropa. | | |
| **2** permite planchar la ropa. | | |
| **3** permite no agravar la contaminación. | | |
| **4** permite limpiar los cristales. | | |
| **5** permite desinfectar. | | |
| **6** permite secarse el pelo. | | |
| **7** permite lavar los coches. | | |
| **8** permite lavar los asientos del coche. | | |

[8 puntos: 6/8]

## 2 Escribe

Escribe una corta publicidad diciendo cuáles son las mayores ventajas de la máquina de vapor 'Fogacci' para el hogar.

# Una receta: el budín de naranja

**Postre**

## Budín de naranja

### Ingredientes

➤ 150 g de mantequilla

➤ 150 g de azúcar

➤ 3 huevos

➤ 150 g de harina

➤ 1 cucharadita de levadura

➤ 75 g de almendra molida

➤ la ralladura de 1 naranja

➤ 1 dl de zumo de naranja

### Para la salsa

➤ 3 dl de zumo de naranja

➤ 50 g de azúcar

➤ 50 g de mantequilla

### Para adornar

➤ melocotón en almíbar

**Preparación: 10 m**
**Cocción: 40 m**
**Dificultad: mínima**

■ Trabajar la mantequilla a temperatura ambiente con el azúcar hasta obtener una preparación ligera. Incorporar los huevos de uno en uno, la ralladura y el zumo de naranja, la harina mezclada con la levadura y tamizada y por último, la almendra molida. Mezclar homogéneamente.
■ Enmantequillar seis moldes individuales y rellenarlos con la preparación anterior. Cocer al baño maría, en horno precalentado a 190°, durante 40 minutos aproximadamente. Comprobar el punto de cocción pinchándolos con una brocheta y sacar los moldes del horno. Dejar enfriar y desmoldear.
■ Poner el zumo de naranja de la salsa en un cazo. Agregar el azúcar y la mantequilla ablandada, mezclar bien y llevar a ebullición, a fuego suave, sin dejar de remover. Retirar del fuego y reservar.
■ Napar los platos con la salsa de naranja, poner un budín en cada uno y adornar con el melocotón en almíbar cortado en gajos.

## 1 Lee y contesta

Lee este artículo y coloca las siguientes frases en el orden correcto.

| | | |
|---|---|---|
| **a** | Echar la salsa en los platos | |
| **b** | Cocer 40 minutos | |
| **c** | Mezclar la harina con la levadura | |
| **d** | Echar las almendras en polvo | |
| **e** | Mezclar mantequilla y azúcar | 1 |
| **f** | Añadir los tres huevos | |
| **g** | Decorar cada budín con melocotón cortado | |

*Ejemplo:* (fila e)

[6 puntos: 4/6]

## 2 Habla: diálogo

You are phoning your Spanish friend. She is asking you questions about the *budín de naranja* recipe which you have just tried out. Answer her questions following the prompts below. She speaks first.

■ ingredientes para el budín
■ ingredientes para la salsa
■ utensilios de cocina
■ tiempo de preparación y cocción
■ queda con ella para un día que os vaya bien.

## Comida y salud

### 1 Lee y contesta

---

*Si quieres verlos crecer día a día,*

# toma medidas

*Con CHOCO KRISPIES de Kellogg's, un desayuno sano que realmente les ayuda a crecer.*

*Tu hijo está creciendo, y tú sabes que necesita proteínas, vitaminas y minerales. CHOCO KRISPIES de Kellogg's tiene vitamina D, que ayuda a reforzar sus huesos, además de otras 7 vitaminas, hierro y el fósforo y el magnesio del cacao. Con un bol de CHOCO KRISPIES de Kellogg's, te aseguras que toma también todo el calcio de la leche que necesita en el desayuno.*

*El origen natural y una selección de todos los ingredientes garantiza nuestra calidad. A diferencia de otras marcas de cereales para el desayuno, CHOCO KRISPIES de Kellogg's es puro arroz cuidadosamente inflado, recubierto de chocolate procedente de cacao natural. Así te aseguramos que la alimentación de tus hijos sea sana.*

*Si quieres verlos crecer día a día, toma medidas y dales CHOCO KRISPIES de Kellogg's con leche. Se comerán las vitaminas, el calcio, el fósforo y el hierro como si fuera chocolate.*

*Más de 100 años cuidando del desayuno en todo el mundo, avalan la experiencia de Kellogg's.*

*Por todo ello, el Instituto Español de la Nutrición, avala la calidad nutricional de CHOCO KRISPIES de Kellogg's.*

---

**A** Completa el texto con el número adecuado de la tabla.

El Instituto Español de la Nutrición recomienda este .....**4**..... porque contiene muchas ........... . Los niños necesitan Choco Krispies porque les hacen falta ........... como el hierro y magnesio para ........... . Choco Krispies se compone de arroz inflado y ........... . Se come con ........... para un desayuno completo.

| chocolate | minerales | leche | producto | crecer | vitaminas |
|-----------|-----------|-------|----------|--------|-----------|
| 1 | 2 | 3 | 4 | 5 | 6 |

**[5 puntos: 🎯 3/5]**

---

**B** Lee el anuncio otra vez y marca con ✓ si las frases son verdaderas o falsas.

|  | Verdad | Falso |
|---|---|---|
| **1** Kellogg's existe desde hace diez años. |  |  |
| **2** Choco Krispies es bueno para la salud. |  |  |
| **3** En Choco Krispies hay seis vitaminas. |  |  |
| **4** La selección de todos los ingredientes está garantizada. |  |  |
| **5** Choco Krispies se compone de arroz en polvo. |  |  |
| **6** La vitamina D es buena para el esqueleto. |  |  |

[6 puntos: 4/6]

## 2  Habla: diálogo

Estás hablando con un médico. Mira los dibujos y contesta a sus preguntas escuchando el casete. El médico habla primero.

1

2

3

4

# ¡Oiga, camarero!

## La Ola

ABIERTO DE 13.00 A 15.00 Y DE 22.30 A 1.00 TODOS LOS DIAS, EXCEPTO LOS LUNES Y DIAS FESTIVOS

### Entremeses
Ensaladilla rusa
Croquetas
Caracoles
Gazpacho

### Pescados y mariscos
Especialidad de paellas
Calamares a la romana
Dorada a la plancha
Lenguado
Merluza a la catalana

### Carne
Pollo al ajillo
Chuletas asadas
Empanadillas de carne
Cochinillo en su salsa

### Postres
Fruta del tiempo
Macedonia
Natillas
Piña en almíbar

### Bebidas
Amplia lista de vinos
Champán
Agua mineral
Zumos
Café

*Servicio no incluido*

## CASA RAFAEL

ABIERTO TODO EL AÑO SIN FALLO, DE LAS 12 A LAS 12.

### Tapas
Aceitunas
Almejas
Boquerones
Chorizo
Ensaladas
Gambas
Mejillones
Tortilla española
Montaditos variados

### también . . .
Hamburguesas
Pollo asado
Patatas fritas
Pizza
Lasañas

### De Postre
Helados
Sandía
Melón
Higos
Flan
Tarta helada

### De Beber
Especialidad de cervezas españolas y extranjeras
Sangría
Vino de la casa (blanco y tinto)
Gaseosa
Agua mineral
Licores
Café

**Servicio siempre agradecido**

## 1 Lee y contesta

Lee las frases siguientes e indica con ✓ si son verdaderas o falsas.

|  |  | Verdad | Falso |
|---|---|---|---|
| Ejemplo: | La Ola abre antes que Casa Rafael. |  | ✓ |
| 1 | Casa Rafael ofrece platos más sencillos. |  |  |
| 2 | En Casa Rafael no hay nada vegetariano. |  |  |
| 3 | En Casa Rafael el servicio está incluído. |  |  |
| 4 | La Ola ofrece un menú del día. |  |  |
| 5 | La Ola cierra antes que Casa Rafael. |  |  |
| 6 | Los dos restaurantes tienen especialidades. |  |  |
| 7 | Casa Rafael cierra durante el año. |  |  |
| 8 | La Ola cierra ciertos días. |  |  |

[8 puntos: 🎯 6/8]

### 2 Habla: diálogo

Estás mirando los menús de los diferentes restaurantes arriba. Escucha el casete y contesta a las preguntas de tu amiga siguiendo los dibujos abajo. Ella habla primero.

**1**

**2**

**3**

**4**

### 3 Escribe

Escribe una carta al gerente del restaurante donde comiste ayer con tu amiga. Quieres quejarte de los siguientes puntos. Haz frases completas.

■ la mesa – sucia
■ la comida
■ la actitud del camarero
■ el precio de la comida.

# ¿Te mareas en el coche?

## 1 Lee y contesta

Lee este artículo.

---

## ¿Te mareas en el coche? Trece trucos para combatirlo

- No tomes pastillas justo antes de marcharte: tómalas la víspera de tu salida.
- Acuéstate temprano la noche antes del viaje.
- No comas una comida fuerte antes del viaje, pero no tengas el estómago vacío tampoco. Come algo ligero.

- No comas nunca durante el viaje.
- No fumes durante el viaje.
- Pide a los otros pasajeros que no fumen.
- Si es posible, ponte en el asiento de delante.
- Mira un punto fijo a lo lejos.
- Charla con las otras personas en el coche.

- No leas nunca en el coche.
- Si es posible, mantén la ventanilla entreabierta.
- Pide al conductor que pare de vez en cuando.
- Durante las paradas da paseos al aire libre.

---

Aquí hay un resumen del artículo. Escoge una palabra de la casilla para cada hueco. No necesitarás todas las palabras.

*Ejemplo:* **a** pastillas

| poco | detrás | descansos | pastillas | delante | revistas | médico |
|------|--------|-----------|-----------|---------|----------|--------|
| cama | tabaco | volante | vuelta | cerradas | hablen | estómago |

---

El día anterior

Tienes dos cosas que hacer: primero no te olvides de tomar tus **a** ..................................................... .

Vete a la **b** ........... antes de la hora usual.

Antes de marcharte

Tienes una cosa que hacer: come un **c** ................................................ .

El conductor

Tienes dos favores que pedir: dile que no quieres sentarte **d** ........................................... .

También pregúntale si sería posible hacer unos **e** ........... durante el viaje.

Los otros pasajeros

Tienes tres cosas que pedir: primero diles que no te gusta el humo de **f** ............................................ .

Segundo, que no quieres las ventanillas **g** ................................... .

Tercero, pídeles que te **h** .......................................... durante el viaje.

Durante el viaje

Tienes cuatro cosas que recordar. Mira **i** .................................... , no fumes, y no traigas

comida ni **j** ................................ .

Durante los descansos

No te olvides de dar una **k** ................................... .

**[10 puntos:** 🎯 **7/10]**

---

## 2 Habla: diálogo

You are about to go on a long car journey and you don't want to be car-sick. You visit Doctor Tomás. Listen to the doctor's questions on the cassette and use the prompts below as the basis of your replies. The doctor will start the conversation.

- detalles personales
- tu problema
- detalles de tu viaje
- Dale las gracias.
- ¿Cuántas pastillas hay que tomar? Y ¿cuándo?

## Un accidente

### 1 Escucha y contesta

¿Estas frases son verdaderas o falsas? Márcalas con ✓.

|  | V | F |
|---|---|---|
| **1** Un coche atropelló a un peaton. |  |  |
| **2** El accidente tuvo lugar en un paso de peatones. |  |  |
| **3** El médico llegó con la ambulancia. |  |  |
| **4** El accidentado tiene heridas en la cabeza. |  |  |
| **5** Los médicos creen que el accidentado va a morir. |  |  |
| **6** El camionero dijo que el accidente fue causado por hielo en la carretera. |  |  |

[6 puntos: 4/6]

### 2 Habla: diálogo

Use the following pictures and answer your friend's questions on the cassette to describe a cycle accident. Your friend speaks first.

**1**

**2**

**3**          **4**          **5**

## Tu salud

### 1 Lee y contesta

---

# Donantes, la solidaridad se lleva en la sangre

*Siempre hacen falta voluntarios. Pero para no poner en peligro tu seguridad ni la del receptor, la selección es muy rigurosa.*

Antes de cada extracción, se realiza un reconocimiento del donante que consiste en un examen físico (estado general y aspecto, toma de la tensión y el pulso ...), en la elaboración de una historia clínica y un interrogatorio. Entre otras cosas, se pregunta su profesión o aficiones: si son peligrosas (pilotos, buceadores, conductores de autobús ...), deben esperar 12 horas antes de reincorporarse a la actividad. También se le consultará sobre las enfermedades importantes que padezca o haya padecido, pues muchas de ellas dan lugar a exclusión o cuarentena. Todos los donantes han de recibir información precisa y actualizada sobre la hepatitis y el sida y las prácticas de riesgo, para que tengan la posibilidad de autoexcluirse. Los que resulten positivos en el control de VIH (sida) serán advertidos de que no realicen más donaciones. En caso de intoxicación por drogas, la donación se descarta. Si es por alcohol, ha de posponerse. Las transfusiones provocan una cuarentena de un año, igual que la acupuntura aplicada sin control médico. Ocurre lo mismo con la perforación del lóbulo de la oreja, los tatuajes o el contacto con pacientes de hepatitis.

---

Pon una ✓ en el espacio correcto. Si la frase es mentira, escribe la versión correcta.

|  |  | Verdad | Mentira | Frase correcta |
|---|---|---|---|---|
| Ejemplo: | *Un médico tiene que examinarte antes de que puedas dar sangre.* | ✔ |  |  |
|  | **1** Sobran donantes. |  |  |  |
|  | **2** La selección es muy sencilla. |  |  |  |
|  | **3** Aquellos donantes que sean pilotos, etc., pueden volver al trabajo en seguida. |  |  |  |
|  | **4** Se les informa a los donantes sobre ciertas enfermedades graves para que ellos mismos puedan decidirse a no dar sangre. |  |  |  |
|  | **5** Los drogadictos tienen que esperar seis meses antes de poder dar sangre. |  |  |  |

[10 puntos: 6/10]

## 2 Habla: diálogo

You are in a doctor's surgery. Answer her questions on the cassette recording. Tell her that you have had a stomach upset for two days now and are feeling sick. Say what you ate in a restaurant. Thank her at the end. The doctor speaks first.

## 3 Escribe

Leave a note for your Spanish friend explaining what is wrong with you and what the doctor has advised you to do.

## Una visita al dentista

### 1 Escucha y contesta

¿Qué información necesita el dentista? Pon unas señales (✓) en la tabla.

| | Necesita | No necesita |
|---|---|---|
| Dirección | | |
| Nacionalidad | | |
| Número de teléfono | | |
| Si tienes un seguro | | |
| Fecha de nacimiento | | |
| Duración del dolor | | |
| Medicamentos que tomas | | |

[7 puntos: 4/7]

### 2 Escribe

Use the following pictures to describe a visit to the dentist.

**1**

**2**

**3**

**4**

**5**

**6**

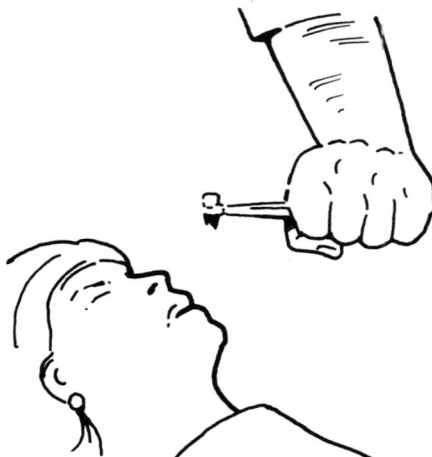

## El sol

*Tomar el sol con seguridad*
*Para evitar la insolación . . .*

1  Los niños deben quedar a la sombra.
2  Lleva un sombrero todo el tiempo.
3  Usa una crema de buena marca.
4  Toma bebidas frecuentemente.
5  Nunca bebas alcohol.
6  No te duermas al sol.
7  No tomes el sol al mediodía.
8  Quédate media hora al sol como máximo.
9  Si es posible, siéntate donde circule el aire.
10  No andes descalzo – la arena caliente puede quemarte.

### 1 Lee y contesta

**A** Pon el número de la frase que corresponda al dibujo en la casilla correcta.

a  b  c  d  e

f  g  h  i  j

[10 puntos: 8/10]

**B** He aquí un resumen de los consejos. Escoge las palabras correctas de la casilla.

Para evitar la **1** .......... hay que tomar ciertas medidas. Primero recuerda que el sol es **2** .......... . Si tienes **3** .......... blanca hay que tener mucho **4** .......... . No salgas **5** .......... sin ponerte una crema protectora. Los **6** .......... son muy vulnerables y es mejor tenerlos a la sombra. Mucha **7** .......... se duerme al sol y **8** .......... quemaduras. Ponte un **9** .......... y toma muchas **10** .......... .

| bebidas | insolación | gente | cuidado | piel |
| sombrero | sufre | peligroso | nunca | niños |

[10 puntos: 7/10]

### 2 Escribe

Tienes miedo al sol. Escribe una lista de diez cosas que vas a hacer para evitar la insolación.

*Ejemplo:*  1 *Voy a llevar un sombrero.*

# B La familia, los amigos y el ocio

## Ignacio se presenta

### 1 Escucha y contesta

Ignacio te ha mandado un casete. He aquí un fragmento.
Escucha lo que dice y pon la letra correcta en cada casilla.
*Ejemplo: ¿Dónde vive Ignacio?*

| a | b | c | d |
|---|---|---|---|
|  |  |  |  |

`a`

**1** ¿Cuántos años tiene Ignacio ahora?
   **a** 15   **b** 16   **c** 17   **d** 18

**2** ¿Cuáles son los hermanos de Ignacio?

| a | b | c | d |
|---|---|---|---|
|  |  |  |  |

**3** En cuanto a su habitación, Ignacio dice que
   **a** la comparte con su hermano
   **b** la comparte con su hermana
   **c** no la comparte con nadie
   **d** los tres tienen que compartirla

**4** ¿Qué vende el padre de Ignacio?

| a | b | c | d |
|---|---|---|---|
|  | 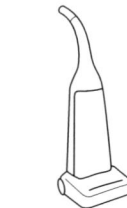 |  |  |

**5** ¿De dónde ha vuelto el padre de Ignacio?

a   b   c   d

**6** ¿Cuándo volvió?
   **a** hace una hora   **b** hace treinta minutos   **c** hace dos horas   **d** ayer

**7** ¿Cuál es el número de teléfono de Ignacio?
   **a** 4164338   **b** 235 43 78   **c** 235 43 68   **d** 3456271

**8** ¿Qué tiempo hace en España?
   **a**              **b**              **c**              **d**

**9** ¿Cuál es el pasatiempo favorito de Ignacio?
   **a**              **b**              **c**              **d**

**10** ¿En qué quiere trabajar Ignacio un día?
   **a**              **b**              **c**              **d**

[10 puntos: 6/10]

## 2 Habla

Estás grabando un casete para tu amigo español. Describe tus pasatiempos.
Menciona:

- tu pasatiempo favorito
- tus otros pasatiempos
- cuánto tiempo dedicas a tus pasatiempos
- qué haces los sábados
- una cosa que compraste recientemente
- tu número de teléfono.

# Descripciones

## 1 Escucha y contesta

¿Quién es? Pon la letra correcta en la tabla.

*Ejemplo:*

| Jaime | e |
|-------|---|
| **1** Pepe | |
| **2** José | |
| **3** Jorge | |
| **4** Luis | |

**a**

**b**

**c**

**d**

**e**

[4 puntos: 🎯 3/4]

## 2 Escribe

Escribe una carta a tu nuevo corresponsal en España describiéndote.
Menciona:

- tu pelo
- tus ojos
- si llevas gafas, pendientes o una cadena
- tu estatura
- el tipo de ropa que llevas
- el tipo de personalidad que tienes
- una cosa que te gusta y una cosa que te irrita.

# Busco amigos

## 1 Lee y contesta

Lees una revista de jóvenes. Estos jóvenes buscan amigos por correspondencia. ¿Qué les gusta hacer?
Pon ✔ en la tabla.

Tengo 15 años y busco amigos por correspondencia. Hablo francés e inglés y paso mucho tiempo montando a caballo. Escríbeme pronto. José.
Tel. 2235167

Hola. Me llamo Sara y quiero cartearme con gente simpática. Me gusta dibujar y pintar y paso mucho tiempo con mis gatos y mis perros.
Tel: 3461239

Soy Cristina y quiero que me escribas. Voy a la piscina todos los días y tengo más de dos mil sellos.
Tel: 4563281

Busco amigos y amigas con quienes pueda cartearme. Me gustan las películas de ciencia-ficción y leo toda clase de libros. Llama a Rosita.
Tel: 3452133

Soy Jaime y tengo 14 años. Por favor escríbeme. Me gusta ir a las discotecas. También estoy estudiando el japonés y el chino.
Tel: 3823481

|         | Natación | Cine | Lectura | Baile | Arte | Coleccionar | Idiomas | Equitación | Animales |
|---------|----------|------|---------|-------|------|-------------|---------|------------|----------|
| José    |          |      |         |       |      |             |         |            |          |
| Sara    |          |      |         |       |      |             |         |            |          |
| Cristina |         |      |         |       |      |             |         |            |          |
| Rosita  |          |      |         |       |      |             |         |            |          |
| Jaime   |          |      |         |       |      |             |         |            |          |

[10 puntos: 8/10]

## 2 Lee y contesta

Lee los anuncios abajo.

**a**
Juana – 16 años. Busco amigo/a inglés/esa. Pasatiempos: lectura, cine, deportes. Escribe: referencia Madrid – 2045.

**b**
Pedro – 15 años. Quiero cartearme con británicos. Aficionado a los animales, música rock y discotecas. Ref: Sevilla – 0192

**c**
Consuelo – 16 años. Busco amigas inglesas. Aficiones: baile, cine, cocina. La Coruña – 0156

**d**
María – 15 años. Quiero nuevos amigos, ¿y tú? Aficiones: filatelia, teatro, baloncesto, televisión. Referencia: Burgos – 3129

Ahora empareja a los jóvenes españoles con los jóvenes ingleses con los que más tienen en común. Escribe la letra correcta en la casilla correspondiente.

**1** A Gerald le encanta cuidar de su perro y escuchar discos. ☐

**2** Helen va a ver una película dos veces a la semana y nada para el equipo de su instituto. ☐

**3** A John le gusta coleccionar sellos y actúa en un grupo de teatro. ☐

[3 puntos: 2/3]

## 3 Escribe

Decides escribir a uno de los jóvenes españoles.

■ Explica cómo eres.
■ Explica cómo pasas tu tiempo libre.

## 'Apenas le conozco, pero . . .'

# 'Apenas le conozco, pero estoy enamorada de él'

**Estoy destrozada. Hace unas semanas conocí a un chico maravilloso que tiene mi edad, 17 años. Nunca he hablado con él, pero estoy enamorada de sus ojos, su pelo y ¡hasta de sus orejas! Me parece un chico guapísimo. Muchas otras chicas le admiran también. Pienso que nunca le conoceré realmente porque no puedo, ni tampoco sé cómo, empezar una conversación con él. Espero que Vd pueda ayudarme. Espero su respuesta con impaciencia. Gracias.**

Estar enamorada es maravilloso. Todo lo que sientes es fruto de tu interior, de ti misma. Lo que este chico ha hecho es conseguir que te des cuenta de tu capacidad para amar y ¿no te parece absurdo sentir dolor por algo tan maravilloso? Así que relájate y háblale para descubrir la personalidad detrás del físico que tanto admiras, porque una persona es más que un físico. Pero no permitas que este problema se convierta en el centro de tu vida. Controla tus sentimientos y sigue con tu vida disfrutando de todo.

## 1 Lee y contesta

**A** Después de leer la carta que escribió la chica al psicólogo de la revista, pon en orden las siguientes frases:

|   |   |   |
|---|---|---|
| **a** | pero le gustan todos sus rasgos físicos. | |
| **b** | Necesita la ayuda del psicólogo. | |
| **c** | Tampoco sabe cómo comunicarse con él. | |
| **d** | Ha visto a un chico de 17 años. | |
| **e** | y muchas chicas le adoran. | |
| **f** | Este chico es muy guapo. | |
| **g** | Esta chica es muy infeliz. | *1* |
| **h** | Desea una contestación. | |
| **i** | Piensa que nunca podrá ser su amiga. | |
| **j** | Aún no le ha dicho una sola palabra. | |

*Ejemplo:*

[9 puntos: 🎯 6/9]

**B** Lee ahora la contestación del psicólogo y responde a las preguntas **con una sola palabra**.

1 ¿Qué piensa el psicólogo del amor?

Es...............................................................................................................

2 ¿De dónde vienen estos sentimientos según él?

De su ........................................................................................................

3 ¿Cómo le parece el hecho de sentir dolor?

................................................................................................................

4 ¿Qué le aconseja a la chica?

................................................................................................................

5 Según el psicólogo ¿qué no debe controlar su vida?

Este .........................................................................................................

6 ¿Qué le aconseja hacer el psicólogo con su vida?

................................................................................................................

**[6 puntos: 4/6]**

## 2 Escribe

Tú también tienes problemas de corazón. Escribe una carta a un psicólogo de revista. Habla de lo siguiente:

■ preséntate brevemente
■ explica tu problema particular
■ expresa la opinión de tus amigos/as
■ pide su ayuda.

## Una telenovela

### 1 Lee y contesta

Unos amigos están dando su opinión sobre una telenovela. Indica si a la persona le gusta el programa, si no le gusta o si es imposible decidir. Pon ✔ en la tabla.

> La Calle no es un programa aburrido. Tampoco es un programa interesante. Lo veo de vez en cuando si no tengo otras cosas que hacer.
> **Carlos**

> La Calle viene en la tele todas las noches y es demasiado a menudo para mí. Una vez a la semana, quizás – pero así, no lo veo nunca.
> **Esteban**

> La Calle trata cosas sencillas. Los personajes creen que son importantes pero para mí el programa es una tontería.
> **Ignacio**

> Nunca me aburro con ese programa. Vuelvo a casa lo antes posible para poder terminar mis tareas y estar listo para cuando empiece.
> **Rafael**

> Es mi programa predilecto. Si no puedo verlo en directo, pues lo grabo para verlo más tarde.
> **Nicolás**

> A veces los episodios valen la pena, a veces no. No me puedo decidir si se encuentra entre mis programas favoritos.
> **Elena**

> Todos los hombres son muy guapos. Además, si no lo veo no puedo participar en las charlas de mis amigas. Discuten ese programa y nada más.
> **Adela**

|          |          | Le gusta | No le gusta | Es imposible decidir |
|----------|----------|----------|-------------|----------------------|
| *Ejemplo:* | Carlos   |          |             | ✓                    |
|          | Esteban  |          |             |                      |
|          | Ignacio  |          |             |                      |
|          | Rafael   |          |             |                      |
|          | Nicolás  |          |             |                      |
|          | Elena    |          |             |                      |
|          | Adela    |          |             |                      |

[6 puntos: 🎯 5/6]

### 2 Habla

Describe cuánto tiempo pasas en ver la televisión. Menciona:

■ los programas de deporte – ¿te gustan o no?
■ un programa que te gusta y explica por qué
■ un programa que no te gusta y explica por qué
■ la actitud de tus padres
■ una telenovela y de qué se trata.

## Los fines de semana

# La juventud española y los fines de semana

Los fines de semana, los jóvenes españoles tienen varias ocupaciones según donde viven y las diferentes aficiones que puedan tener.

Clara, por ejemplo, vive en Madrid y después de dedicar un rato a sus estudios el sábado, suele ir de compras con su amiga Isabel. Siempre terminan su recorrido de los almacenes en la misma cafetería, donde Isabel toma una cerveza y Clara un cortado. Les gusta ir al cine de vez en cuando, cada vez que ponen una buena película. El sábado por la noche acostumbran ir a una discoteca cerca de casa, donde ponen música moderna para bailar. El domingo, lo pasan en casa con su familia, Clara viendo a sus tíos y primos e Isabel descansando viendo los culebrones en la tele o leyendo una novela policíaca.

Miguel vive en Alicante y trabaja de mecánico. Pasa algunas horas el fin de semana haciendo práctica de conducir. Su padre le ayuda porque Miguel quiere sacarse el carné dentro de un mes. Después de dos horas de práctica, le apetece tumbarse en la playa para disfrutar del sol y zambullirse en el mar. Le encantan los deportes acuáticos. Allí Miguel encuentra a su amigo Rafa, que está en paro de momento. Rafa a menudo organiza fiestas en su casa cuando sus padres están ausentes. Al primero le gusta tocar la batería y al segundo la guitarra, así que sus amigos se lo pasan de maravilla de las nueve de la noche hasta las siete de la madrugada del día siguiente. Los vecinos, sin embargo, sufren y se quejan a sus padres cuando vuelven.

### 1 Lee y contesta

**A** Lee el artículo y pon el nombre adecuado en la columna titulada '¿Quién?'.

| | Preguntas | ¿Quién? |
|---|---|---|
| Ejemplo: | ¿A quién le gusta beber café? | Clara |
| | 1 ¿A quién le gusta el alcohol? | |
| | 2 ¿Quién se prepara para su trabajo? | |
| | 3 ¿Quién quiere encontrar un puesto? | |
| | 4 ¿Quién toca la batería? | |
| | 5 ¿Quién toca la guitarra? | |
| | 6 ¿Quién está aprendiendo a conducir? | |
| | 7 ¿Quién le está enseñando a conducir? | |
| | 8 ¿Quién estudia los sábados? | |
| | 9 ¿Quién hace compras? [2] | |
| | 10 ¿A quién no les gusta la música? | |

[11 puntos: 7/11]

**B** Escoge la casilla correcta y márcala con una señal (✓).

1  **a**  Todos los jóvenes españoles hacen lo mismo los fines de semana. ☐

   **b**  Los jóvenes españoles tienen diferentes actividades los fines de semana. ☐

2  **a**  Clara pasa parte de los sábados estudiando. ☐

   **b**  Clara estudia todo el día los sábados. ☐

3  **a**  Clara e Isabel van al cine cada semana. ☐

   **b**  Clara e Isabel van al cine a veces. ☐

4  **a**  A Clara e Isabel les gusta ir siempre al mismo café después de las compras. ☐

   **b**  Clara and Isabel nunca vuelven al mismo café. ☐

5  **a**  Isabel ve a su familia los domingos. ☐

   **b**  A Isabel le gusta ver telenovelas los domingos. ☐

6  **a**  Miguel está aprendiendo a conducir porque su padre lo quiere. ☐

   **b**  Miguel quiere aprobar su exámen muy rápidamente. ☐

7  **a**  Miguel pasa el resto del sábado mirando a los surfistas. ☐

   **b**  Miguel pasa el resto del sábado disfrutando en la playa. ☐

8  **a**  Los padres de Rafa aprecian sus fiestas. ☐

   **b**  Los padres de Rafa no están invitados a sus fiestas. ☐

9  **a**  Los vecinos siempre están bienvenidos en sus fiestas. ☐

   **b**  A los vecinos les gustaría que Rafa se fuera a vivir a otro sitio. ☐

10  **a**  Rafa no trabaja. ☐

   **b**  A Rafa le gusta tocar la batería. ☐

**[10 puntos: 🎯 6/10]**

## 2  Habla: diálogo

Rafa está dando una fiesta. Eres su vecino/a. Comienza el diálogo, usando los dibujos.

1      2      3      4

## Contestador automático

### 1 Escucha y contesta

Varias personas han llamado a María. Escoge el mensaje correcto para cada persona.

**1**

> Llamó Paulo. No puede verte hoy. Llámale.

**a** ☐

> Llamó Paulo. Te verá hoy más tarde. Llámale.

**b** ☐

**2**

> Llamó tu tía Isabel a las 3. Tiene tus botones. Valen 600 ptas.

**a** ☐

> Llamó tu tía Isabel a las 3. Tiene tus botones. Valen 750 ptas.

**b** ☐

**3**

> Por favor llama a Juanita. Tiene dos entradas para el teatro mañana.

**a** ☐

> Por favor llama a Juanita. Tiene dos entradas de cine para mañana.

**b** ☐

**4**

> Enrique llamó. Tienes que verle el miércoles a las 6.30 dentro del cine.

**a** ☐

> Enrique llamó. Tienes que verle el miércoles delante de la discoteca Barbarela a las 6.00.

**b** ☐

**[4 puntos: 3/4]**

# ¿Qué vamos a hacer el domingo?

## 1 Escucha y contesta

Rellena la tabla con las palabras adecuadas.

| Actividad | Sí o no | ¿Por qué? |
|---|---|---|
| *Ejemplo:* *cine* | *no* | *difícil de entender* |
| 1 | concierto | |
| 2 | partido de fútbol | |
| 3 | restaurante chino | |
| 4 | el zoo | |

[8 puntos: 5/8]

## 2 Escribe

Escribe una carta a una española diciéndole lo que hiciste el fin de semana pasado. Menciona:

- el cine
- un concierto
- un partido de fútbol
- un restaurante
- el zoo.

## Vamos a comer

```
        RESTAURANTE EL TULIPÁN
            Menu turístico

      Sopas                      Precios
A     sopa de tomate             240 ptas
B     sopa de fideos             250 ptas
C     sopa de verduras           200 ptas

      Platos principales
D     pollo con patatas          350 ptas
E     tortilla española          320 ptas

      Otros platos
F     calamares                  450 ptas
G     judías verdes              350 ptas
H     trucha                     700 ptas

      Postres
I     flan                       200 ptas
J     naranja                    150 ptas

      Queso
K     queso manchego             410 ptas

      Bebidas
L     café                       250 ptas
M     gaseosa                    350 ptas
N     vino                       320 ptas
```

### 1 Lee y contesta

Lee este menú. Pon la letra correcta en la casilla.
*Ejemplo: Quieres comer fruta. ¿Qué plato escoges?*    `J`

1 Quieres la sopa más barata. ¿Qué plato escoges?

2 Quieres comer algo dulce. ¿Qué plato escoges?

3 Quieres comer hortalizas. ¿Qué plato escoges?

4 Quieres comer mariscos. ¿Qué plato escoges?

5 Quieres comer pescado. ¿Qué plato escoges?

6 Quieres comer ave. ¿Qué plato escoges?

7 Eres vegetariano/a. ¿Qué plato principal escoges?

8 Quieres tomar un refresco. ¿Qué bebida escoges?

9 Quieres tomar algo caliente. ¿Qué bebida escoges?

10 Quieres tomar algo alcohólico. ¿Qué bebida escoges?

[10 puntos:    7/10]

### 2 Escribe

Te gustó tu visita a El Tulipán. Escribe a tu novio/a describiendo tu visita.
Menciona:

- con quién fuiste
- lo que pediste
- lo que tu amigo/a pidió
- el mejor plato
- invítale/la a cenar contigo en el restaurante.

### Excursión a San Sebastián

# SAN SEBASTIÁN –
## EXCURSIÓN DE UN DÍA

Día de operación – cada lunes hasta el final de setiembre

| | |
|---|---|
| 09.00 | recogida en la plaza mayor y salida para San Sebastián en nuestro lujoso autocar |
| 10.30 | llegada en San Sebastián y vuelta de la ciudad |
| 13.00 | almuerzo en hotel de cinco estrellas (incluído en el precio) |
| 15.00 | tiempo libre para hacer compras |
| 17.00 | recogida y viaje de vuelta |
| 18.30 | llegada |

Precio: 5.000 pesetas (no hay rebaja para niños)

### 1 Lee y contesta

¿Verdad o falso? Escribe V o F en las casillas.

*Ejemplo: La visita tiene lugar el martes.*  [F]

1 La visita es posible en invierno.

2 Hay que pagar un suplemento para el almuerzo.

3 Los niños pagan menos.

4 El viaje a San Sebastián dura menos de dos horas.

5 El viaje de vuelta comienza a las tres.

[5 puntos: 4/5]

### 2 Escribe

Imagina que vas a San Sebastián el fin de semana que viene. Escribe una carta a una amiga. Describe:

- con quién vas
- el transporte
- lo que esperas hacer en San Sebastián
- un amigo que visitarás
- lo que esperas comer y beber.

## ¿Adónde vamos?

### 1 Escucha y contesta

**A** Paula y Teresa están discutiendo adónde van hoy. Rellena la tabla con el nombre adecuado.

|  | Nombre |
|---|---|
| **1** Le apetece salir con los amigos. |  |
| **2** Los dos chicos no le caen bien. |  |
| **3** Prefiere el cine a la discoteca. |  |
| **4** Va a la discoteca para complacer a su amiga. |  |
| **5** Soluciona el problema. |  |
| **6** Se marchará sola si está disgustada. |  |

[6 puntos: 4/6]

**B** Completa los blancos con algunas de las palabras abajo.

Paula no quiere salir con los chicos porque la última vez

**1** ................................. de manera terrible y les encuentra muy

**2** ................................. . Paula no quiere bailar porque hoy la

**3** ................................. es muy alta. Prefiere ir al **4** .................................

porque **5** ................................. a Keanu Reeves. Amenaza con

**6** ................................. a su amiga si los chicos se portan mal en la

discoteca.

| bailaron | teatro | negativos | música | se comportaron | necios |
|---|---|---|---|---|---|
| abandonar | cine | amables | adora | temperatura | |

[6 puntos: 4/6]

**C** ¿Cuáles son los tres adjetivos que podrían describir a Paula?

|  | Sí | No |
|---|---|---|
| **1** airada |  |  |
| **2** poco paciente |  |  |
| **3** alegre |  |  |
| **4** comprensiva |  |  |
| **5** testaruda |  |  |

[5 puntos: 3/5]

## 2 Habla: diálogo

Estás en el centro con un amigo. Tenéis que decidir adónde vais a ir esta noche. Contesta a las preguntas en el casete, utilizando los dibujos abajo. Tu amigo habla primero.

# En una agencia de viajes

## 1 Escucha y contesta

Un cliente está pidiendo información sobre un viaje organizado para jóvenes. Escucha la cinta y pon una señal (✓) en los espacios correctos.

| | Excursiones | Baile | Deporte | Espectáculos |
|---|---|---|---|---|
| lunes mañana | | | ✓ | |
| lunes tarde | | | | |
| martes mañana | | | | |
| martes tarde | | | | |
| miércoles mañana | | | | |
| miércoles tarde | | | | |
| jueves mañana | | | | |
| jueves tarde | | | | |
| viernes mañana | | | | |
| viernes tarde | | | | |
| sábado mañana | | | | |
| sábado tarde | | | | |
| domingo mañana | | | | |
| domingo tarde | | | | |

*Ejemplo:*

[7 puntos: 5/7]

## 2 Habla: diálogo

You go into a travel agency to find out about an activity holiday for a week. Use the notes below to guide your answers. Listen to the travel agent's questions on the cassette. The travel agent will start the conversation.

1 tipo de vacaciones que te interesa
2 duración
3 actividades que te gustan
4 nacionalidad
5 detalles personales.

## El verano, una buena época para la lectura

### 1 Lee y contesta

Después de leer el artículo, indica la casilla correcta con una señal (✓).

# Verano, una buena época para la lectura

En esta época de vacaciones, tu hijo dispone de más tiempo libre para disfrutarlo jugando con los amigos y . . . leyendo.

● Durante el curso, los niños leen lo que les mandan en el colegio. Ahora es el momento de que elijan lo que a ellos les gusta.
● No hay que leer por obligación, sino por amor.
● Anima a tu hijo ofreciéndole cosas entretenidas. Los libros de

mitología o historia son atractivos, pero recuerda siempre que la misión esencial de todo cuento es interesar y divertir.
● Los cuentos estimulan su fantasía e imaginación.
● Tu hijo puede descubrir en los libros experiencias maravillosas que le acercarán a otros mundos, culturas y formas de vida.
● Es preferible leer las obras originales y evitar adaptaciones. Entre las grandes obras literarias

hay para todos los gustos y edades, pero es importante predicar con el ejemplo.
● Muchos de los más pequeños se vuelven locos por los cómics. No temas que estas lecturas puedan apartarles de la buena literatura; puede ser el primer paso que acerque al niño al amor por la lectura.

En todo caso, lo importante es que ellos disfruten.

1 a En verano hay escaso tiempo para divertirse. ☐
 b En verano hay más tiempo para leer. ☐
2 a En el instituto los niños escogen sus libros. ☐
 b En el instituto los profesores escogen los libros para ellos. ☐
3 a Hay que leer por afición. ☐
 b Hay que leer para aprender. ☐
4 a Los padres deben comprar libros educativos. ☐
 b Los padres deben comprar libros estimulantes. ☐
5 a Leer permite soñar. ☐
 b Leer es difícil. ☐
6 a Leer cómics no es aconsejable. ☐
 b Leer cómics puede producir una pasión para la lectura. ☐

[6 puntos: 4/6]

## 2  Habla: diálogo

Hablas con una amiga sobre tus pasatiempos. Contesta a sus preguntas con la ayuda de los dibujos abajo. Ella habla primero.

**1**

**2**  Contesta a la pregunta.

**3**

**4**

**5**  Contesta.

## De veraneo

### 1 Escucha y contesta

**A** Escucha a seis jóvenes que hablan de sus vacaciones. Escribe el número adecuado en las casillas correspondientes.

**a**

☐

**b**

Madrid

☐

**c**

Ibiza

☐

*Ejemplo:* **d**

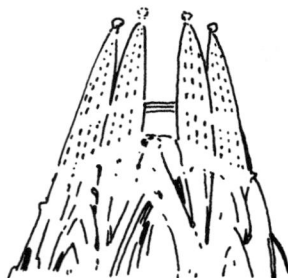

1

**e**

☐

**f**

☐

**[5 puntos: 3/5]**

**B** Escucha otra vez a los jóvenes. ¿Cuándo fueron o cuándo van a ir de vacaciones? Al lado de cada nombre indica la letra apropiada.

*Ejemplo:*

| | |
|---|---|
| **1** José | *d* |
| **2** Juana | |
| **3** Agustín | |
| **4** Julia | |
| **5** Johny | |
| **6** Isabel | |

**a** agosto
**b** últimas vacaciones
**c** dentro de dos semanas
**d** julio
**e** junio
**f** verano

**[5 puntos: 4/5]**

## 2 Habla: diálogo

Estás en una oficina de turismo en Santander con un amigo. Buscas un hotel. Contesta a las preguntas del empleado en el casete utilizando los dibujos abajo. Él habla primero.

**1**

**2**

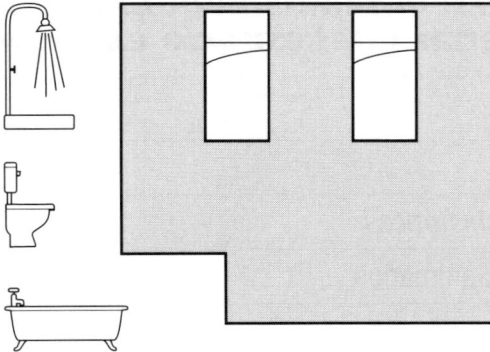

**3**

VISTAMAR

PALACIO

**4**

JULIO

| 1 | 8 | 15 | 22 | 29 |
| 2 | 9 | 16 | 23 | 30 |
| 3 | 10 | 17 | 24 | 31 |
| 4 | 11 | 18 | 25 | |
| 5 | 12 | 19 | 26 | |
| 6 | 13 | 20 | 27 | |
| 7 | 14 | 21 | 28 | |

## En los multicines

### 1 Lee y contesta

Completa la tabla abajo con la letra de la película correspondiente. Sólo hay una posibilidad en cada caso.

| a | Batman Forever: stunts virtuales, efectos especiales, tecnología digital |

| b | *Liberad a Willy 2: la historia de una orca simpática* |

| c | **El Jardín Mágico de Stanley: los Trolls son personajes cómicos que gustarán a todos los niños.** |

| d | *El Primer Caballero: la leyenda del rey Arturo y del primer caballero Lancelot* |

| e | **Dos Policías Rebeldes: Miami, heroína y una comisaría en peligro** |

| f | Nefertiti: una ambiciosa coproducción sobre la vida de los faraones |

| g | *French Kiss: Una americana viaja a París y encuentra a un ladrón romántico.* |

| h | ***Power Rangers: el famoso equipo de superhéroes contra la amenaza del espacio exterior*** |

|  |  | Película |
|---|---|---|
| *Ejemplo:* | *Me gustan las películas históricas.* | *d* |
| | **1** Me encantan los dibujos animados. | |
| | **2** Odio las películas policíacas. | |
| | **3** Me encanta Egipto. | |
| | **4** Me fascina la ciencia-ficción. | |
| | **5** Me gusta el hombre murciélago, volando por el aire. | |
| | **6** Adoro los animales. | |
| | **7** Se realizó esta película en Francia y los Estados Unidos. | |

**[7 puntos:  5/7]**

## 2  Lee y contesta

**A** Lee el comentario sobre *El jardín mágico de Stanley* e indica escribiendo V o F si las frases abajo son verdaderas o falsas.

# EL JARDÍN MÁGICO DE STANLEY

*DIRECTORES: Don Bluth y Gary Goldman*
*PRODUCTOR: Don Bluth Ltd.*
*GUIÓN: Stu Krieger*

*Stanley ............ Voz – Dom DeLuise*
*Gnorga ........... Voz – Cloris Leachman*
*Liort ............... Voz – Charles Nelson Reilly*
*Alan ................ Voz – Jonathan Pryce*

Stanley es un troll distinto a los demás. A diferencia de sus malvados hermanos y hermanas, Stanley es un pequeño y amable troll que tiene un don secreto, un pulgar verde que puede crear flores al simple tacto. Pero las flores están prohibidas en el país de los Trolls, cuya malvada reina Gnorga es capaz de convertir en piedra todo lo que su pulgar negro toca. Se propone acabar con Stanley transformándolo en piedra también . . .

| | |
|---|---|
| **1** Stanley es como toda su familia. | |
| **2** Sus hermanos son simpáticos. | |
| **3** La reina es amable. | |
| **4** Stanley tiene un poder misterioso. | |
| **5** Hace crecer flores con el pie. | |
| **6** Hay pocas flores en el país de los Trolls. | |

**[6 puntos: 3/6]**

LA FAMILIA, LOS AMIGOS Y EL OCIO

# POWER RANGERS

*Power Rangers* – la película es, como su mismo título indica, la adaptación cinematográfica de **Power Rangers**, una de las series de televisión juveniles de mayor éxito en la actualidad.

La acción del film, que continuará la acción de los Power Rangers iniciadas en la pequeña pantalla, muestra a este famoso equipo de superhéroes visitando la ciudad de Angel Grove, donde llevan a cabo un número de exhibición paracaidística que es la principal atracción del Festival de Caridad de dicha localidad. Poco se imaginan que están a punto de hacer frente a una amenaza del espacio exterior: el regreso de Ivan Ooze, una criatura multiforme que junto con sus aliados Zedd y Rita planea un golpe de estado contra Zordon, amigo de los Power Rangers, para luego apoderarse de la tierra.

**B** Lee el texto sobre *Power Rangers*. Completa el párrafo abajo con las palabras abajo.

Se trata de una película adaptada de la **1** ................................ para el
**2** ................................ . Es una serie para los **3** ................................ y
tiene mucha **4** ................................ hoy en día.

Los superhéroes tienen que luchar **5** ................................ el horrible
Ivan Ooze. Es un **6** ................................ muy peligroso que quiere
**7** ................................ el universo.

**[7 puntos: 🎯 4/7]**

| cine | fama | adultos | controlar | contra | jóvenes | televisión | para | mónstruo |

## 3 Habla: diálogo

Your Spanish friend is asking you about a film you have recently seen. Listen to the cassette and answer his questions. He speaks first.

**1** Título
**2** Sí/no. ¿Por qué?
**3** Dos detalles sobre el argumento
**4** Contesta a la pregunta.

## La entrevista

### 1 Escucha y contesta

**A** Escucha la entrevista y subraya cuatro adjetivos en la casilla que describen a Iván.

| | | | | | |
|---|---|---|---|---|---|
| divorciado | americano | soltero | casado | deportivo | célebre |
| perezoso | tímido | triste | bien vestido | mal vestido | |

**[4 puntos: 🎯 3/4]**

**B** Escucha la entrevista de nuevo e indica si estas frases son verdaderas o falsas. Si son falsas, escribe la versión correcta.

| Ejemplo: | *Iván es español.* | *F   Es norteamericano.* |
|---|---|---|
| | **1** Iván tiene dos pisos. | |
| | **2** Iván vive normalmente en España. | |
| | **3** Iván trabajaba en Madrid recientemente. | |
| | **4** 'Venganza' es una película sobre extraterrestres. | |
| | **5** Iván visitó los sitios de interés en Madrid. | |
| | **6** Iván gasta mucho dinero en la comida. | |

¿Cuál es correcto? Pon la letra correcta en la casilla.

**7 a** A Iván le gusta el baloncesto.
   **b** A Iván le gusta comer en restaurantes.
   **c** Iván es coleccionista.
   **d** Iván es poeta.

**8** 'Una vez más' es una película de
   **a** horror
   **b** niños
   **c** amor
   **d** aventura

**[8 puntos: 🎯 6/8]**

### 2 Habla

Describe what happened when you won a competition and the prize was dinner with a famous person. Use the pictures as the basis of your story.

1

2

3

4

5

## Una novela

### 1 Escucha y contesta

Lola quiere leer una novela. Luis le ofrece cuatro. Indica si cada novela es de ciencia-ficción, de amor, de guerra, de horror o del oeste. También indica si le interesa cada novela o no y por qué.

| | Tipo de novela | ¿Le interesa? | ¿Por qué? |
|---|---|---|---|
| *Por la mañana* | *amor* | *no* | *demasiado larga* |
| El Tren | | | |
| New Orleans | | | |
| Algo Nuevo | | | |

*Ejemplo:* (first data row)

[9 puntos: 6/9]

### 2 Escribe

Escribe una carta a tu amiga española. Describe dos novelas que has leído recientemente. Menciona:

■ el argumento de la primera novela
■ de dónde obtuviste la novela
■ el argumento de la segunda novela
■ quién te dio la novela
■ cuánto tiempo pasas leyendo
■ tu tipo de libro favorito.

# C Nuestro entorno

# Decisiones

## 1 Lee y contesta

Imagina que te encuentras en estas situaciones. ¿Qué decisiones tomas?
Pon la letra correcta en la casilla.

**Situaciones**

*Ejemplo:*   *Estás en la playa y ves a un niño que se ahoga.*   | j |

1  Tu hermanito se corta y hay mucha sangre. ☐

2  Quieres salir pero no tienes dinero. ☐

3  Te aburres en casa. ☐

4  Estás en el cine y hay un incendio. ☐

5  Quieres cruzar una calle principal. ☐

6  Quieres leer pero el sol está demasiado fuerte. ☐

7  Tienes flores bonitas en el jardín pero no ha llovido recientemente. ☐

8  Rompes el florero favorito de tu madre. ☐

9  Tienes sueño. ☐

10  Quieres aprender a conducir. ☐

| **Decisiones** |
| --- |
| **a**  Las riegas. |
| **b**  Te acuestas. |
| **c**  Llamas a un médico. |
| **d**  Ofreces lavar el coche de un vecino. |
| **e**  Compras otro. |
| **f**  Llamas a un amigo. |
| **g**  Vas a una autoescuela. |
| **h**  Buscas un paso de peatones. |
| **i**  Sales lo antes posible. |
| **j**  Buscas un salvavidas. |
| **k**  Pones gafas de sol. |

**[10 puntos:  🎯  7/10]**

## 2 Escribe

Ves a un niño en dificultades en el mar. Le rescatas. Describe cómo lo hiciste. Menciona:

- dónde estabas cuando le viste
- qué hacía el niño para llamar la atención
- una persona que ayudó
- cómo sacaste al niño del agua
- cómo estaba el niño al final.

## 3 Habla: diálogo

You are visiting a Spanish friend. Tell your friend how you broke a vase in the house of the family you are staying with and what you did to replace it. Listen to your friend's questions on the cassette and use the picture prompts below as the basis of your replies. Your friend speaks first.

**1**

**2**

**3**

**4**

**5**

FLORISTERÍA

# Compromisos

## 1 Lee y contesta

You receive this letter from a Spanish friend. Read it and answer the questions in English below.

---

Salamanca, 3 de mayo de 1997

Querida Lisa:

Gracias por tu carta que recibí anteayer. Lamento que te hayas roto el brazo pero ¿no te he dicho muchas veces que la equitación es un deporte peligroso? Menos mal que el médico dice que no es nada grave. Estoy escribiéndote con mi ordenador porque ya sabes que escribo muy mal y mis amigas me dicen que no llegan a entender mi letra.

Tengo unas noticias estupendas. ¿Te acuerdas de Jaime, el chico que tú conociste aquí durante tu visita?

Pues el martes me llamó y dijo que quería salir conmigo. ¡Qué bien! Anoche fuimos juntos al cine. Nos lo pasamos bomba. Vino a casa a recogerme y fuimos al cine a pie. La película era americana y en inglés y podía comprenderla sólo por los subtítulos. Se llamaba 'El abogado' y se trataba de un encuentro entre un abogado y su cliente. Los dos salen juntos, se hacen novios y se casan y tienen una relación perfecta.

Había mucha ironía en el título de la película porque ésta es la carrera que va a cursar Jaime. ¡A ver si nos enamoramos! Después de la película fuimos a comer mejillones en un bar. Y al final de la tarde, me invitó a un concierto para pasado mañana. ¡Qué suerte tengo! El problema es que no tengo nada que ponerme. Voy a pedir dinero a mi padre para comprar un vestido nuevo.

Bueno, me tengo que ir. Tengo unas tareas que hacer y mañana el profe nos da una prueba. Tengo que repasar.

¡Escribe pronto!

*Jacinta*

---

1 When did Jacinta receive Lisa's letter?
   a today
   b yesterday
   c two days ago
   d three days ago
2 What has happened to Lisa?
   a She has had a road accident.
   b She fell off her bike.
   c She fell off her horse.
   d She slipped on the ice.
3 Why is Jacinta writing with a computer?

..............................................................................

**4** Why did Jaime ring Jacinta?

...........................................................................................................

**5** When did they go to the cinema?
  **a** today
  **b** yesterday
  **c** two days ago
  **d** three days ago ☐

**6** How did they get to the cinema?
  **a** by bus
  **b** by car
  **c** by taxi
  **d** on foot ☐

**7** How much English does Jacinta know?
  **a** She is fluent.
  **b** She understands quite a lot.
  **c** She does not understand very much at all. ☐

**8** What kind of film is *El abogado*?
  **a** horror
  **b** romance
  **c** adventure
  **d** western ☐

**9** What is Jaime going to study?
  **a** English
  **b** American studies
  **c** Law
  **d** Cinema ☐

**10** What did they eat later?
  **a** seafood
  **b** steak
  **c** fish
  **d** omelette ☐

**11** When is the concert?
  **a** today
  **b** tomorrow
  **c** in two days' time
  **d** in three days' time ☐

**12** What does Jacinta need?
  **a** money
  **b** new clothes
  **c** a car
  **d** a boyfriend ☐

**13** What is Jacinta going to do after writing the letter?
  **a** watch TV
  **b** homework
  **c** housework
  **d** go out ☐

[13 puntos: 9/13]

## 2 Escribe

Escribe una respuesta a Jacinta. Menciona:

- la equitación
- una persona con quién sales
- adónde fuisteis anoche
- quién pagó
- qué hicisteis después
- cuándo vas a visitar a Jacinta en España.

## 3 Habla: diálogo

You receive a letter from your Spanish penfriend saying that she wants to come to England to see you. You will be taking exams at the time of the proposed visit and so you phone to suggest another date. Use the following prompts and the cassette to help you with the conversation. You speak first.

1 Saluda a tu amiga y di quién eres.
2 Da las fechas de tus exámenes.
3 Explica que por eso tu amiga no puede venir.
4 Propone otras fechas para la visita de tu amiga.
5 Di lo que vais a hacer durante su visita.

## Mi ciudad

### 1 Escucha y contesta

Escucha el casete y rellena la tabla con la información adecuada.

|  | Nombre | Edad | Ciudad donde vive | Aspecto positivo | Aspecto negativo | Pasatiempo preferido |
|---|---|---|---|---|---|---|
| *Ejemplo:* | *Jaime* | *17* | *Madrid* | *muchas facilidades* | *frío en invierno* | *la lectura* |
|  | Eloísa |  |  |  |  |  |
|  | Pedro |  |  |  |  |  |
|  | Rosa |  |  |  |  |  |

[15 puntos: 10/15]

### 2 Escribe

Después de escuchar a estos cuatro jóvenes, escribe a uno de ellos.
Menciona lo siguiente:

- tu nombre, edad, cumpleaños
- tu ciudad, pueblo o el lugar donde vives
- sus aspectos positivos y negativos
- tu pasatiempo preferido.

## Un paseo en el centro de la ciudad

### Lee y contesta

Pon la letra correcta en la casilla.

1 Tienes hambre. ¿Adónde vas?
   a  teatro
   b  churrería
   c  ayuntamiento
   d  comisaría

2 Tienes sed. ¿Adónde vas?
   a  cervecería
   b  carnicería
   c  panadería
   d  estanco

3 Lee el letrero delante del museo. ¿Qué es lo que no está prohibido?

PROHIBIDO ENTRAR CON PERROS.
PROHIBIDO ENTRAR CON HELADOS.
PROHIBIDO FUMAR.
PROHIBIDO ENTRAR CON BOCADILLOS.

a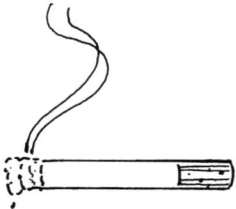
b
c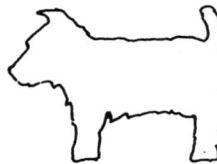
d
e

4 ¿Adónde vas si . . .

   a  . . . quieres comprar un sello?

   b  . . . tienes dolor de cabeza?

   c  . . . has perdido tu dinero?

   d  . . . quieres comprar un regalo?

   e  . . . tienes libras y quieres pesetas?

| 1 | 2 | 3 | 4 | 5 | 6 |
|---|---|---|---|---|---|
| Farmacia | Correos | Cambio | Comisaría | Almacenes | Estación |

**5** Lee el recado y mira el plano. ¿Dónde está la casa de Pepe? ¿Cuál de las letras de A–G representa?

> **Sal de tu hotel y gira a la izquierda hacia la estación. Antes de llegar a la estación tuerce a la derecha, luego toma la primera calle a la izquierda. Mi casa está enfrente del restaurante.**

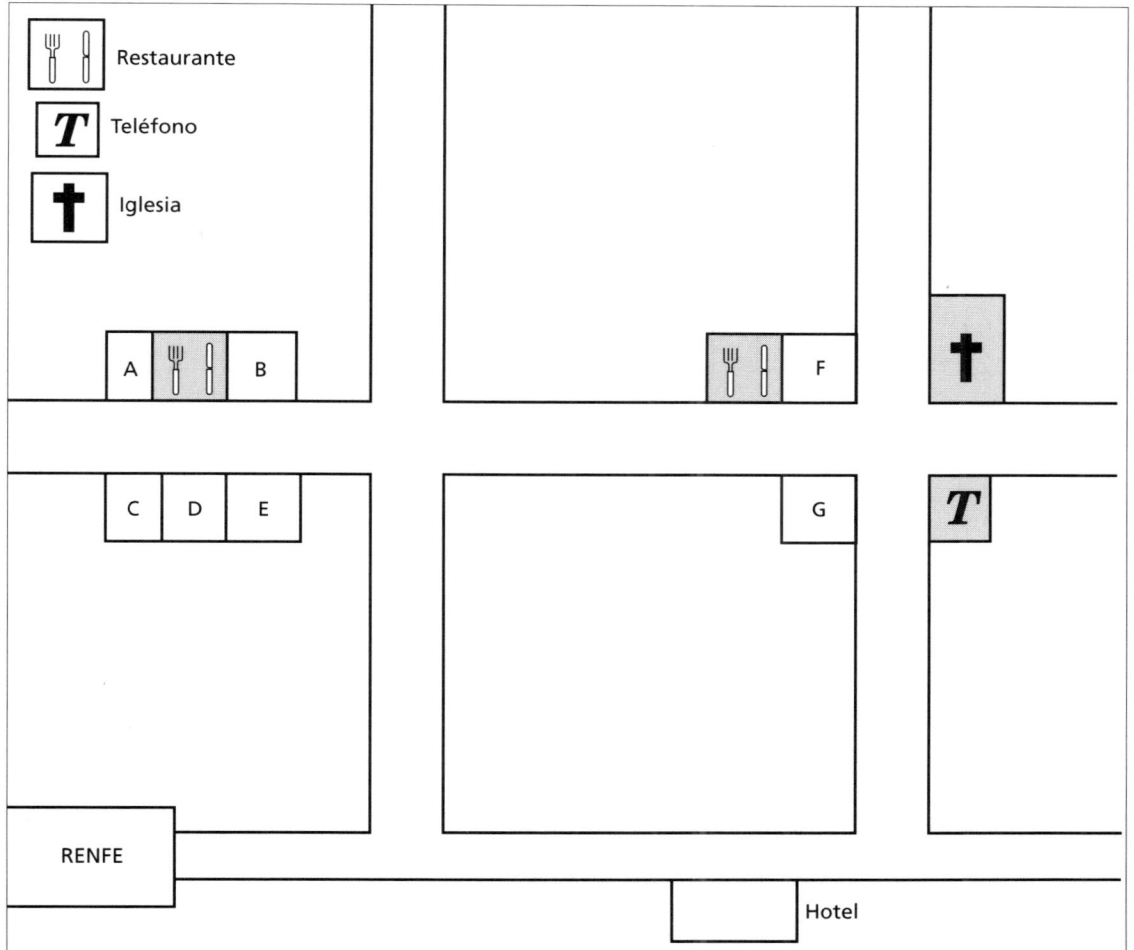

Restaurante

*T* Teléfono

✝ Iglesia

A 🍴 B

C D E

🍴 F

✝

G

*T*

RENFE

Hotel

[9 puntos: 🎯 6/9]

# ¿Para ir a . . . ?

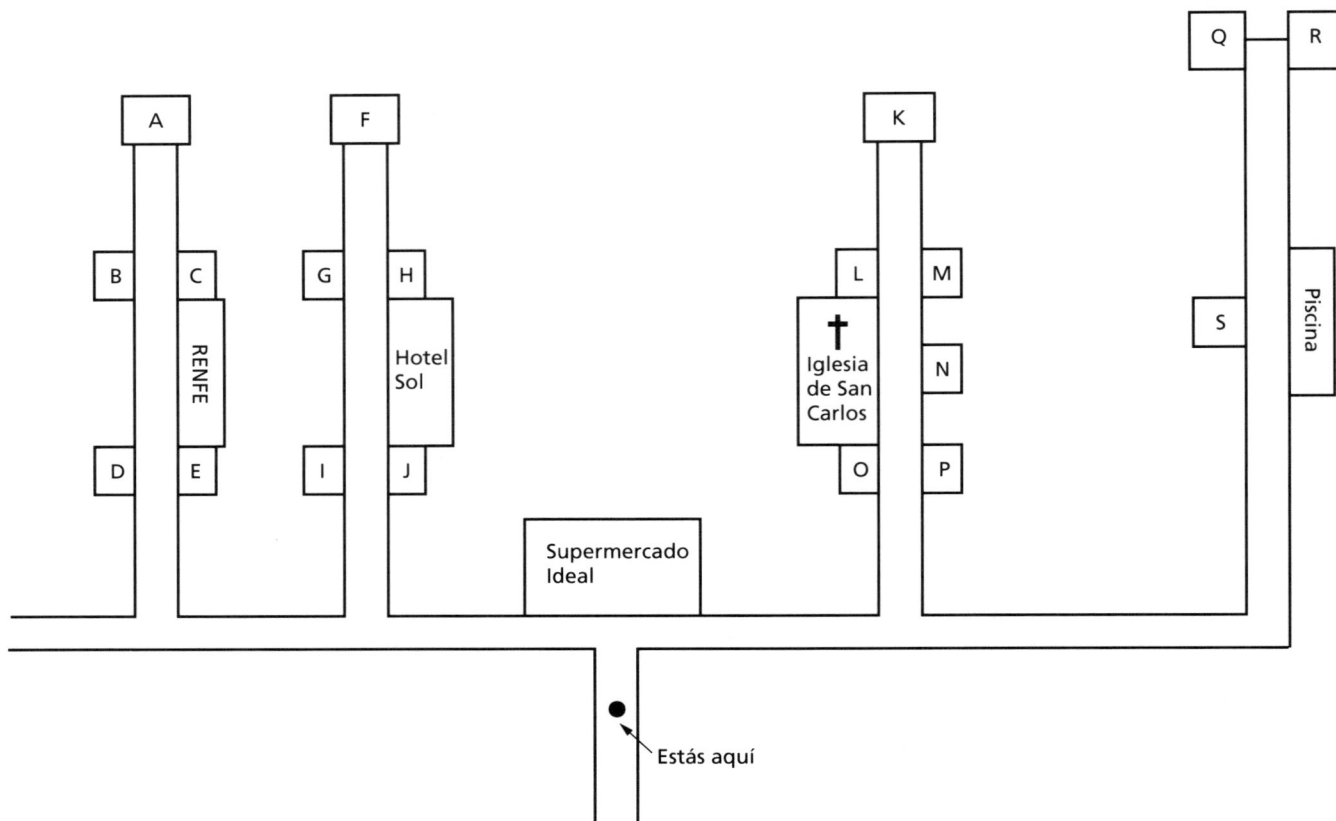

A

F

K

Q    R

B    C

G    H

L    M

S    Piscina

RENFE

Hotel Sol

Iglesia de San Carlos

N

D    E

I    J

O    P

Supermercado Ideal

Estás aquí

## 1 Escucha y contesta

Quieres encontrar estos sitios. Escucha las direcciones y mira el plano. Pon la letra del sitio en la casilla correcta.

*Ejemplo:*  **1** *La oficina de turismo*  [C]

**2** El ayuntamiento  ☐

**3** La oficina de viajes  ☐

**4** La carnicería  ☐

**5** La comisaría  ☐

**6** La panadería  ☐

**7** La farmacia  ☐

**8** El cine  ☐

**[7 puntos:  5/7]**

## 2 Escribe

Mira el plano. Estás alojado en el hotel Sol. Tu amigo también está en el hotel pero está durmiendo. Escríbele un mensaje. Dile que vas primero a la estación a las 9, luego a la iglesia de San Carlos a las 10. Vas a la piscina a las 12. Incluye direcciones exactas de cómo ir a estos tres sitios desde el hotel.

## Haciendo turismo

### 1  Escucha y contesta

Estás en una oficina de turismo. El oficial te está explicando dónde están los diferentes sitios de interés de la ciudad. Escribe en cada círculo del plano el número del sitio que representa, utilizando la lista abajo.

1   Palacio Real
2   Catedral
3   Estadio
4   Restaurante Milagro
5   Estación de ferrocarriles
6   Museo
7   Teatro romano
*Ejemplo:*   8   *Estátua del caballo*
9   Puente viejo
10  Plaza central
11  Piscina municipal

[10 puntos: 7/10]

## 2 Escucha y contesta

Llamas a la oficina de turismo. Está cerrada pero el contestador automático da varios números de teléfono para llamar a los sitios de interés. Empareja cada sitio con su número de teléfono, escribiendo la letra apropiada al lado de cada sitio.

*Ejemplo:*

| Catedral | *e* |
|---|---|
| **1** Palacio Real | |
| **2** Piscina municipal | |
| **3** Museo | |
| **4** Estadio municipal | |
| **5** Pista de hielo | |

| a | 88 40 41 |
|---|---|
| b | 88 41 40 |
| c | 87 99 92 |
| d | 87 93 72 |
| e | 87 37 72 |
| f | 88 40 23 |

[5 puntos: 3/5]

## 3 Habla: diálogo

Hablas con un amigo español de tus vacaciones pasadas en Santander en España. Contesta a sus preguntas usando los dibujos abajo. Él habla primero.

**1**          **2**

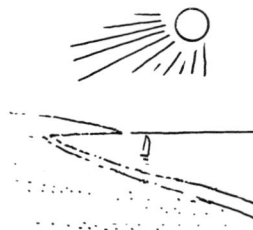

**3**

**4**          **5**

## Grandes almacenes

### 1 Lee y contesta

Mira la publicidad y contesta, escribiendo V (verdadero) o F (falso) en las casillas.

---

### UN NÚMERO UNO EN MODA

En El Corte Inglés, tenemos la mayor selección, calidad y vanguardia en moda. Alta confección en piel y ante, tejidos, complementos y nuestras boutiques internacionales. Vendemos marcas de cada país de Europa.

### TODA CLASE DE REGALOS

Más de 500.000 artículos para regalar distribuidos en más de 200 departamentos. Para un regalo típico, puede Vd elegir artesanía española, ampliamente representada en El Corte Inglés: guitarras, espadas toledanas, mantelerías, mantones, cerámica, etc.

### LA COMODIDAD DE NUESTROS SERVICIOS

Pensados para hacer más fáciles sus compras: servicio de intérpretes, cambio de moneda extranjera, restaurantes, buffets, cafeterías, envío rápido al hotel, peluquerías, aparcamiento, revelado rápido de fotos, centro de comunicaciones. La carta de compras, un servicio que le evitará cargar con paquetes. Agencia de viajes para realizar cualquier reserva o elegir entre los más variados destinos, programas, hoteles ... Siempre con un servicio profesional.

### PAGO DEL IVA

Si Vd reside en Canarias, Ceuta, Melilla o cualquier país NO MIEMBRO de la C.E.E., Vd no tendrá que pagar el IVA. Solicite información a cualquiera de nuestros empleados al realizar sus compras.

---

1 En El Corte Inglés puedo comer rápidamente si quiero. ☐

2 Mis fotos pueden ser reveladas en menos de un día. ☐

3 Puedo comprar un plato de cerámica como regalo. ☐

4 Si vivo en Canarias tengo que pagar el IVA. ☐

5 No puedo cortarme el pelo en El Corte Inglés. ☐

6 Puedo comprar un viaje en El Corte Inglés. ☐

7 Puedo comprar ropa de marcas inglesas. ☐

8 No puedo cambiar dinero. ☐

9 Si no entiendo lo que me dice la dependienta, alguién puede traducir. ☐

10 Mis compras pueden ser mandadas directamente al hotel. ☐

[10 puntos: 🎯 7/10]

---

## 2  Habla: diálogo

Estás en El Corte Inglés. Escucha el casete y contesta a la dependienta usando los dibujos abajo. Ella habla primero.

**1**

**2**

= PTAS
?

**3**

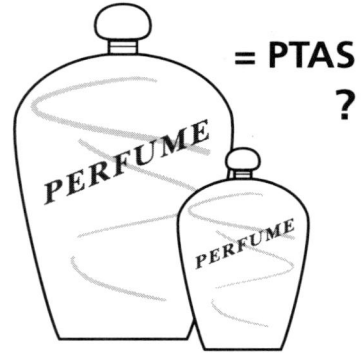

**4**

El Corte Inglés

?

**5**
Agradécele y despídete.

# En una boutique de modas

## 1 Escucha y contesta

**A** Maribel y Concha están haciendo compras. Escucha el casete y escribe la letra de lo que compran en la casilla.

a          b          c          d    ☐

 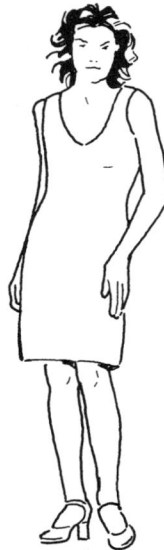

[2 puntos: 2/2]

**B** Escucha el casete de nuevo. Empareja cada etiqueta con el dibujo en la parte A que le corresponde.

**1** elegante     ☐

**2** caro     ☐

**3** precioso     ☐

**4** joven     ☐

[4 puntos: 3/4]

**C** Escucha el casete una vez más. Completa los blancos con la palabra más adecuada de la casilla.

Maribel cree que el **1** ............................. vestido es demasiado

**2** .................................. . Concha quiere comprar un vestido

**3** ................................ ya que su hermano va a **4** ................................. y

quiere ser **5** .................................. . Por fin se prueba un vestido

**6** ................................ . Maribel lo encuentra **7** ................................. .

| | | | | | | |
|---|---|---|---|---|---|---|
| segundo | divorciarse | vacaciones | caro | primer | formal | guapa |
| azul marino | azul claro | barato | precioso | fea | casarse | acuerdo |

[7 puntos: 5/7]

## 2 Habla: diálogo

Quieres comprar un pantalón. Estás en una boutique. Escucha el casete y contesta al dependiente.

**1**

**2**

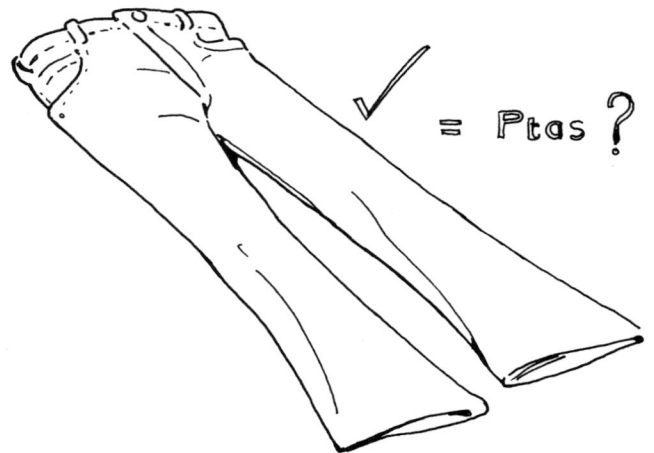

**3**

**4**

**5**

## Haciendo la compra

### 1 Escucha y contesta

Escucha esta conversación entre Elena y su madre. Elena va de compras para su madre. Discuten lo que necesitan y lo que ya tienen. Pon ✓ en la tabla.

| | Necesitan | Ya tienen |
|---|---|---|
| a | | |
| b | | |
| c | | |
| d | | |
| e | | |
| f | | |
| g | | |
| h | | |
| i | | |

[9 puntos: 5/9]

## 2 Habla: diálogo

You go into a grocer's shop to buy food for a picnic. Use the cassette to listen to what the grocer says and use the picture prompts below as the basis of your replies. The grocer starts the conversation.

**1**

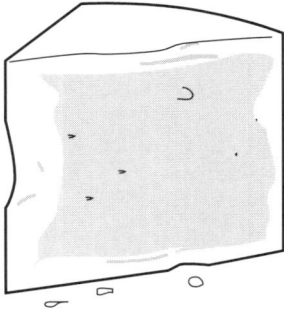

**2**

**3**

**4**

= ptas?

**5**

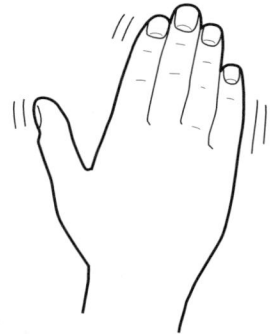

## 3 Escribe

Escribe una carta a un amigo español describiendo tu merienda en un parque. Explica:

- el tiempo que hizo
- con quién fuiste
- qué comprastéis en la tienda de comestibles
- qué hicistéis después de merendar
- la hora que volviste a casa.

## Una fiesta

### 1  Lee y contesta

He aquí una lista de las cosas que necesitas para tu fiesta. Pero ¿dónde vas a comprarlas? Pon la letra adecuada en la casilla.

**Lista**

1 Panecillos ☐

2 Chuletas ☐

3 Calamares ☐

4 Pasteles ☐

5 Manzanas ☐

**Tiendas**

a *Frutería*

b **Carnicería**

c *Confitería*

d Estanco

e *Pescadería*

f Panadería

[5 puntos: 5/5]

### 2  Habla

Describe una fiesta. Menciona:

- los invitados
- lo que llevaban
- lo que se comía y bebía
- un incidente
- lo que hicieron los invitados
- un invitado grosero.

## El 24 de diciembre – la Nochebuena

### 1 Lee y contesta

Lee el artículo y pon unas señales (✓) en la tabla.

# La Nochebuena

En la mayoría de las regiones españolas, y en todo el mundo católico, la Nochebuena representa la fecha de la llegada de Cristo al mundo.

En nuestro país se celebra con una gran cena familiar. Para postre, en todas partes se comen los mazapanes y turrones y se bebe el cava. También se cantan los tradicionales villancicos.

En Madrid se come pescado aquella noche, pero en otras partes se come pollo o pavo. En algunas zonas de España, se come un roscón o torta grande con aceite y almendras. En Cataluña, la Nochebuena no es una fiesta sino más bien una fecha de reunión familiar. En todas partes, grandes y pequeños celebran la Misa del Gallo a medianoche.

|  |  | Sí | No |
|---|---|---|---|
| *Ejemplo:* | *Para la Nochebuena se come pavo.* | ✓ | |
| **1** | La Nochebuena es una gran fiesta católica. | | |
| **2** | Se suele comer mucho aquella noche. | | |
| **3** | En varias partes de España se come algo especial. | | |
| **4** | Se suele cantar canciones tradicionales. | | |
| **5** | Se suele bailar en la calle. | | |
| **6** | En Cataluña se celebra mucho la Nochebuena. | | |
| **7** | En algunas regiones se come un pastel con carne dentro. | | |
| **8** | La Misa del Gallo se celebra a las 12 de la mañana. | | |

[8 puntos: 🎯 5/8]

### 2 Escribe

Escribe a tu amiga, María. Cuéntale cómo se celebra la Navidad en tu país. Incluye los siguientes puntos:

- con quién sueles reunirte
- lo que comiste la Navidad pasada
- los regalos que recibiste
- una tradición especial de tu familia aquel día
- algo diferente que te gustaría hacer el año que viene.

# Objetos perdidos

## 1 Lee y contesta

Después de leer los anuncios, completa la tabla con los detalles que faltan.
Algunas casillas se quedarán en blanco.

**Perdido:** lunes 26, perrito blanco y negro. Collar verde. Avda Castellanos, cerca del parque. Recompensa. Tel: 638-44-26.

**Perdido:** monedero cuero rojo, con nombre y dirección. Domingo 3 en restaurante El Avila. Gratificaré. Tel: 523-31-34.

**Perdido:** reloj de señora, oro, en Teatro Municipal, martes 27. Gran valor sentimental. Recompensa importante. Tel: 273-45-62.

**Perdida:** maleta marrón, viernes 13, en la estación RENFE, entre 8 y 10 de la noche. Contiene documentos oficiales. Tel: 722-11-33.

| Perdido | Día | Hora | Color | Lugar especial | Detalles |
|---|---|---|---|---|---|
| perro | | | | | |
| | | | marrón | | |
| | | | | | nombre y dirección |
| | martes 27 | | | | |

[17 puntos: 12/17]

## 2 Escribe

Has perdido algo en un restaurante. Escribe una carta al gerente. Incluye los detalles siguientes:

- descripción detallada de lo que has perdido
- día/hora cuando ocurrió
- dónde estabas sentado/a
- una razón por la cual es importante que encuentres este objeto
- tu dirección.

## 3 Escucha y contesta

Escucha el casete y rellena la ficha.

# Reclamación

| | |
|---|---|
| **Nombre** ................................................................. | [1] |
| **Apellido** ............................................................... | [2] |
| **Dirección** ............................................................. | [1] |
| **Teléfono** .............................................................. | [1] |
| **Objeto perdido** .................................................... | [1] |
| **Descripción del objeto perdido** ......................... | [1] |
| **Contenido** ............................................................ | [2] |
| **Fecha de la pérdida** ............................................ | [1] |
| **Hora de la pérdida** ............................................. | [1] |
| **Lugar de la pérdida** ........................................... | [1] |

**[12 puntos: 8/12]**

### 4  Habla: diálogo

Use the following pictures to describe how you lost your money in Spain.

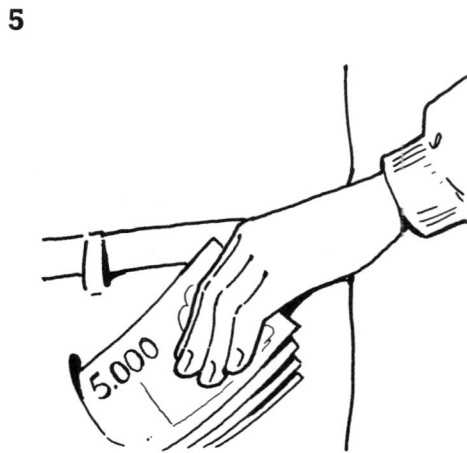

**1**

**2**

**3**

**4**

**5**

**6**

## Un robo

# Atraco en Barcelona

Hoy hubo un robo en el Banco de Sabadell a las catorce treinta horas. El joven atracador tenía bigote y gafas y el pelo largo y moreno. También tenía una nariz muy grande. Después de robar doscientas setenta y cinco mil pesetas, se escapó corriendo hacia una boca del metro, pero como había demasiados policías allí, decidió coger un taxi. Al llegar al puente, el ladron bajó del taxi y cogió la segunda calle a la izquierda. De repente, surgieron tres policías y el delicuente dejó caer al suelo una bolsa que contenía una cámara, un billetero, un reloj de oro de señora, un peine y el dinero por supuesto. Pero los policías no lograron arrestar al atracador.

### 1 Lee y contesta

Escribe la letra apropiada en la casilla.

*Ejemplo:* *El robo tuvo lugar a . . .*

a      b      c      d     | a |

**1** Robó la cantidad de . . .

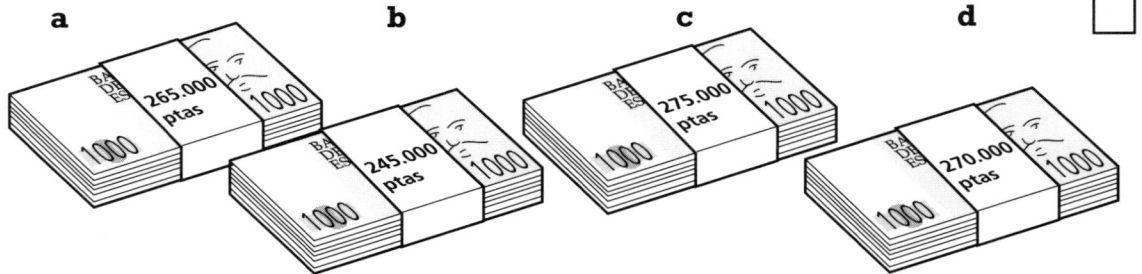

a   265.000 ptas    b   245.000 ptas    c   275.000 ptas    d   270.000 ptas

**2** Empezó a escapar . . .

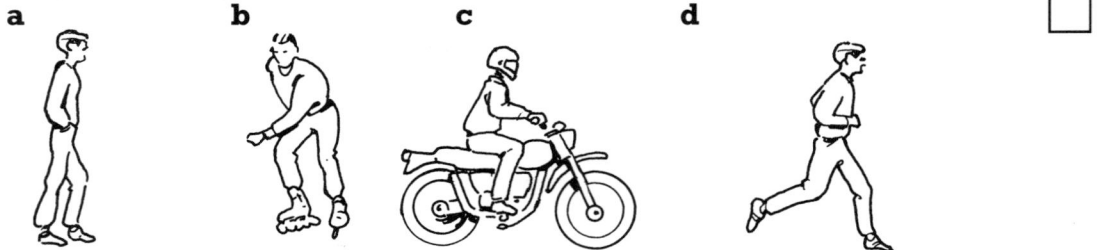

a      b      c      d

**3** ¿Qué transporte utilizó después?

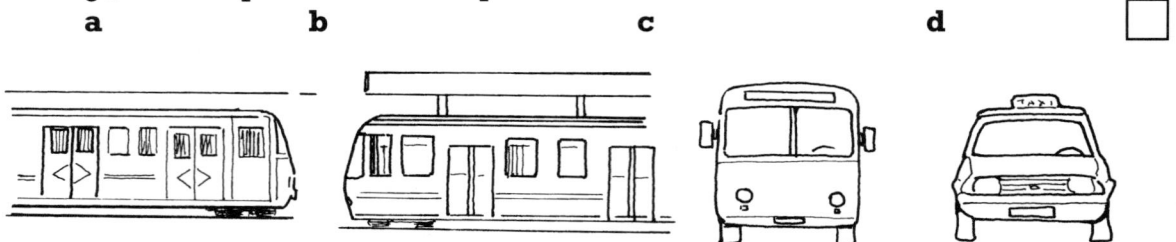

a      b      c      d

**4** Tomó la calle . . .

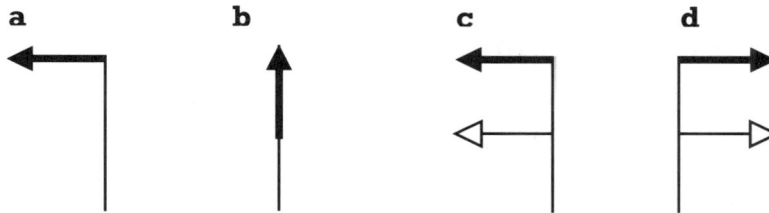

a      b      c      d

**5** Selecciona el dibujo que corresponde al ladrón.

a      b      c      d

**6** ¿Cuál era su bolsa?

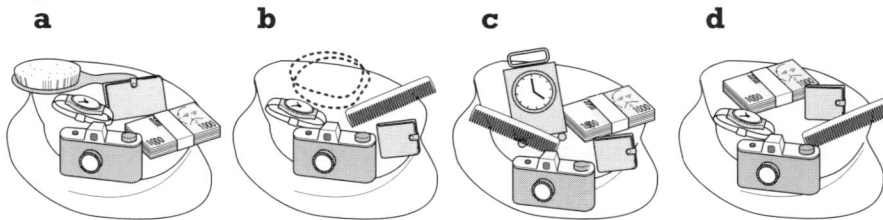

a      b      c      d

**[6 puntos: 4/6]**

## 2 Habla: diálogo

Yesterday you were taking photos in the street when the hold-up happened. You also took a photo of the robber. Listen to the cassette and answer the policeman's questions. He speaks first.

**1** Di dónde estabas.
**2** Di lo que le viste al atracador hacer.
**3** Explica cómo era.
**4** Explica lo de la foto que sacaste.

## 3 Escribe

Escribe a tu amiga Nathalie en Londres para contarle cómo pasaste tus vacaciones en Madrid. Incluye el episodio del robo. Escribe unas 150 palabras.

## En la estación de servicio

### 1 Escucha y contesta

**A** ¿Hecho o no? Pon una ✓ si el mecánico ha hecho estas tareas al coche. Pon una ✗ si **no** las ha hecho.

| | |
|---|---|
| **1** Ha cambiado los neumáticos. | |
| **2** Ha mirado el aceite. | |
| **3** Ha cambiado el aceite. | |
| **4** Ha mirado el agua. | |
| **5** Ha añadido más agua. | |
| **6** Ha limpiado el parabrisas. | |
| **7** Ha cambiado el parabrisas. | |
| **8** Ha cambiado la batería. | |
| **9** Ha echado gasolina. | |

[9 puntos: 6/9]

**B** Escucha de nuevo el casete. Completa el texto siguiente con las palabras de la casilla.

Juan necesita parar en la estación de servicio porque el coche hace un

**1** .................................. . Tiene que esperar **2** ..................................

porque el mecánico está cambiando **3** .................................. para clientes

que tienen prisa. Juan y Sofía deciden **4** .................................. más tarde.

Juan quiere que el mecánico **5** .................................. el

**6** .................................. y el agua y limpie el parabrisas. El problema es un

**7** .................................. de la **8** .................................. . Hay que cambiarla

y también el parabrisas porque es **9** .................................. . Con todo

esto, Juan se olvida de **10** .................................. más gasolina al coche.

| | | | | | | |
|---|---|---|---|---|---|---|
| neumáticos | gasolina | parabrisas | batería | mire | peligroso | ruedas |
| una hora y media | ruido | volver | volante | aceite | defecto | echarle |

[10 puntos: 6/10]

### 2  Habla: diálogo

Estás en una estación de servicio. Escucha el casete, mira los dibujos abajo y explica lo que necesitas. Tú comienzas la conversación.

**1**

**2**

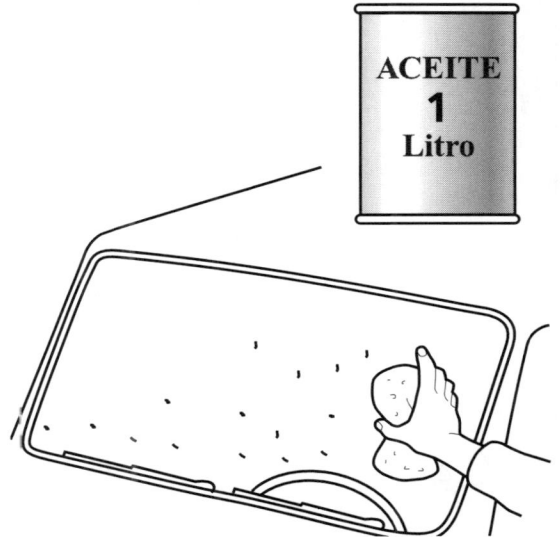

**3**

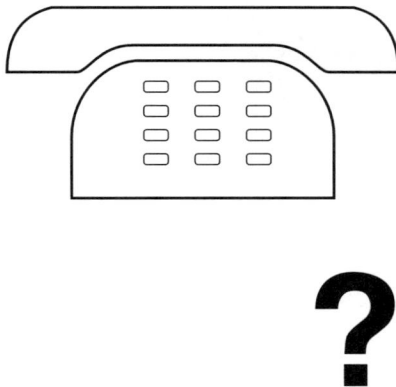

**4**

# = ptas?

# ¿Qué tiempo hace?

**Regiones**
a Madrid
b Pirineos
c Galicia
d Cataluña
e Valencia
f Murcia
g Andalucía

## 1 Escucha y contesta

**A** Escucha el casete y escribe las letras de las regiones del mapa en las casillas según el orden indicado en el pronóstico del tiempo.

*Ejemplo:* 1 [ b ]

2 [ ]

3 [ ]

4 [ ]

5 [ ]

6 [ ]

7 [ ]

[6 puntos: 4/6]

**B** Mira los dibujos abajo y escucha el casete otra vez. ¿A qué región corresponden los dibujos? Escribe la letra correcta en cada casilla.

*Ejemplo:* **1**  [b]

**2** ☐

**3** ☐

**4** ☐

**5** ☐

**6** ☐

**7** ☐

[6 puntos:  4/6]

## 2 Escribe

Escribe una postal a tu amigo/a español/a. Menciona:

- dónde estás
- el tiempo que hizo ayer
- las actividades que pudiste realizar
- las actividades que no pudiste realizar.

## El agua – un recurso a valorar

### 1 Lee y contesta

Lee este artículo de un periódico. Completa las frases, poniendo la letra correcta en la casilla.

---

# CRISIS EN ANDALUCÍA – NO HAY AGUA

El gobierno ayer mandó un mensaje urgente a los andaluces: hay que ahorrar agua. No ha llovido en seis meses y la situación es grave. He aquí unos trucos para ahorrar agua.

Hombres: al afeitarse, cerrar el grifo
Chicos: no hacer juegos con agua
Conductores: para lavar el coche, ir al río

Todos:
★ regar el jardín después de ponerse el sol
★ barrer el patio en vez de echarle agua
★ cerrar bien los grifos antes de acostarse
★ usar el lavaplatos sólo cuando esté lleno
★ dos personas pueden tomar un baño juntos
★ una ducha gasta menos agua que un baño
★ cambiar y lavar la ropa menos
★ usar la lavadora sólo cuando esté llena

---

*Ejemplo:*

| | | |
|---|---|---|
| 1 *No ponga agua en el césped . . .* | **a** . . . durante más tiempo. | $\boxed{b}$ |
| 2 Un lavaplatos a medio llenar . . . | **b** . . . *durante el día.* | ☐ |
| 3 Use una escoba . . . | **c** . . . antes de ir a la cama. | ☐ |
| 4 Compruebe los grifos . . . | **d** . . . en el cuarto de baño. | ☐ |
| 5 Lleve la misma ropa . . . | **e** . . . esté llena. | ☐ |
| 6 No deje correr el agua . . . | **f** . . . derrocha el agua. | ☐ |
| 7 Espere a que la lavadora . . . | **g** . . . para limpiar fuera de la casa. | ☐ |
| 8 No use agua del grifo . . . | **h** . . . para jugar. | ☐ |
| 9 El agua no es . . . | **i** . . . un baño. | ☐ |
| 10 Comparta . . . | **j** . . . para limpiar el coche. | ☐ |

[9 puntos: 🎯 5/9]

### 2 Escribe

Acabas de pasar unas vacaciones en Andalucía durante una sequía. Había agua en los grifos sólo dos horas por día. Escribe a tu amiga en Galicia. Menciona:

■ cómo era el campo
■ el tiempo que hacía
■ problemas causados por la falta de agua
■ lo que hacías para beber
■ lo que hacías para lavarte.

---

## El lobo ibérico en peligro

# EL LOBO
## EN PELIGRO DE EXTINCIÓN

Desde tiempos remotos, el lobo ha representado para el hombre la encarnación del mal. Nada más lejos de la realidad, este animal es simplemente un magnífico predador que si no lo evitamos, pronto desaparecerá de nuestro territorio.

Puede alcanzar una longitud de 1,80 m., incluída la cola, que mide unos 40 cm. De cuerpo delgado, profundo pecho, vientre hundido y patas finas, su hocico es alargado y agudo. El pelo es corto y áspero, de color pardo o rojizo con manchas negras en las patas anteriores.

### HABITAT Y ALIMENTACIÓN

Vive en manadas muy jerarquizadas en Galicia, Asturias y Castilla-León, aunque también hay algunas parejas en Cantabria, Extremadura y Sierra Morena.

Su alimentación se basa en grandes herbívoros, ovejas, conejos y otros roedores, aves y reptiles. Si el hambre aprieta, se atreve con la carroña.

### ES CURIOSO

El lobo alcanza una velocidad de 40 km/h y en una noche puede recorrer de 40 a 60 kms. Los cachorros pueden domesticarse.

Si alguien está interesado en su protección, la organización ecologista Ciconia (apdo. correos 29007, Barcelona 08080) se ocupa de su defensa.

### Lee y contesta

Read the article and write True or False in the column on the right.

|  | True or False? |
|---|---|
| 1 Wolves can cover 40 km in a week. |  |
| 2 They can reach 1.80 m in length discounting their tail. |  |
| 3 Wolves are dangerous to people. |  |
| 4 They can still be found in some Spanish regions. |  |
| 5 They feed on grass-eating animals. |  |
| 6 Wolves often run at speeds of over 40 kmh. |  |

[6 puntos: 4/6]

# D El mundo del trabajo

## Trabajos ocasionales

### 1 Lee y contesta

Lee los anuncios y subraya la frase correcta.

> **Ofertas**
>
> Camarero con experiencia se ofrece para trabajar fines de semana.
> Teléfono Carlos 416 43 28.
>
> Nativo da clases de francés. Llamar mañanas.
> Pierre 236 72 51.
>
> ¿Se va de vacaciones? Yo cuido de sus pájaros. Llamar tardes.
> Consuelo 324 52 41.
>
> Soy estudiante y busco trabajo de las 1800 a las 2300.
> Teléfono Paco 398 74 56.
>
> ¿Tiene problemas con sus plantas, sus flores, sus arbustos? Doy consejo gratis.
> Teléfono Antonio 346 78 32.

*Ejemplo:* *Carlos quiere trabajar los lunes / los martes / <u>los sábados</u>.*

1 Carlos quiere trabajar en un bar / en una fábrica / en un colegio.
2 Pierre es obrero / dentista / profesor.
3 Consuelo quiere trabajar con animales / con niños / con enfermos.
4 Paco quiere trabajar por la mañana / por la tarde / los fines de semana.
5 Antonio es cartero / jardinero / carnicero.

**[5 puntos: 🎯 4/5]**

### 2 Escribe

El año pasado trabajaste en España durante tus vacaciones. Escribe un artículo describiendo tu experiencia. Menciona:

- en qué trabajabas
- dónde vivías
- cuánto ganaste
- qué hiciste con el dinero.

# Para pagarse las vacaciones . . .

## 1 Escucha y contesta

Listen to Marta and Teresa discussing how to earn some holiday money. Then answer the questions in English.

1 Where is Teresa's family going? ................................................................

2 Why are they going there? ....................................................................

3 Why can't Marta go with them? ..............................................................

4 When does Teresa want to go to Madrid? ...................................................

5 Where does Aunt Andrea live? ...............................................................

6 What does Aunt Andrea want to do? .........................................................

7 What two things will Marta and Teresa do to earn money? ...............................

................................................................................................ [2]

8 What will the girls do with the money they earn? .........................................

9 Why does Marta want Teresa to phone Aunt Andrea? ....................................

....................................................................................................

**[10 puntos: 6/10]**

## 2 Habla

Describe tu jardín o un jardín público cerca de tu casa. Explica:

■ quién hace la jardinería
■ en qué estaciones del año se hace
■ quién utiliza el jardín y qué hacen
■ qué tipo de jardín te gusta más
■ qué flores, plantas y árboles prefieres.

## Nacho habla de su empleo de verano

**1 Escucha y contesta**

Escribe la letra correcta en la casilla.

**1** ¿Dónde trabajó Nacho?
- **a** en una oficina
- **b** en un colegio
- **c** en un hotel
- **d** en una agencia de viajes ☐

**2** ¿Por qué le gustó la primera semana?
- **a** había mucho que hacer
- **b** había poco que hacer
- **c** los clientes eran interesantes
- **d** se sentía aburrido ☐

**3** ¿Cómo se sentía durante el resto de su empleo?
- **a** aburrido
- **b** ocupado
- **c** perezoso
- **d** poco aburrido ☐

**4** ¿Por qué había pocos clientes?
- **a** la agencia era cara
- **b** la agencia era barata
- **c** la gente era rica
- **d** la gente era pobre ☐

**5** ¿Qué hizo una colega un día?
- **a** le insultó
- **b** bebió su café
- **c** salió con él
- **d** hizo café ☐

[5 puntos: 🎯 4/5]

**2 Habla**

El año que viene quieres trabajar en España. Explica a tu amigo español:

- a qué parte quieres ir
- qué tipo de trabajo quieres hacer
- qué quieres hacer durante tu tiempo libre.

### 3 Habla: diálogo

You are telling a friend about two different summer jobs you did to save up money for a holiday. Your friend starts the conversation. Use the cassette to listen to your friend's questions and choose two of the jobs shown in 1–4 below as the basis of your replies.

**1**

**2**

**3**

**4**

**5**

**6**

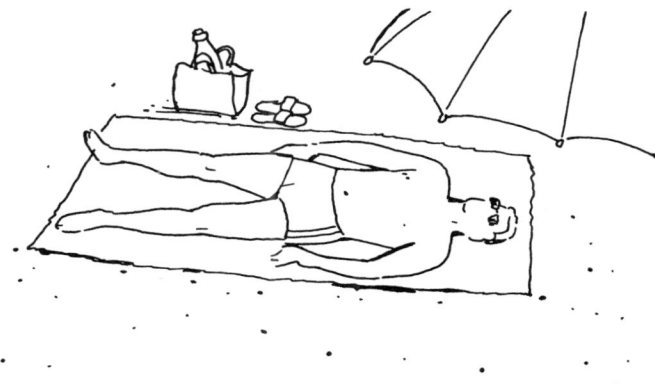

### 4 Escribe

Escribe una carta a tu amiga española, diciendo que quieres visitarla en España al final del verano. Menciona:

- las fechas de la visita
- dos trabajos que vas a hacer para ganar el dinero necesario.

## Un cursillo de verano

# *Cursillos de verano*
## EN ALICANTE

En el colegio Santa Faz este verano podrá mejorar su castellano y pasar unas vacaciones fenomenales al mismo tiempo.

Ofrecemos cursillos en la lengua española a tres niveles: básico, intermediario y avanzado, para adultos y jóvenes de todas edades. Seleccione de entre las optativas siguientes:

- Cocina española y suramericana
- El arte español de los siglos 16 y 17
- La influencia musulmana en España
- La España de hoy y de ayer
- Los Pirineos y la región del norte
- Escritores clásicos del Siglo de Oro
- Música clásica de Aranjuez
- El baile flamenco tradicional
- Los problemas económicos del sur
- Valencia y su agricultura
- 20 años del cine español (1976–1996)
- La poesía de García Lorca
- Dalí y la pintura abstracta.

Además podrá visitar la maravillosa región del Levante con sus playas espléndidas, sus montes, sus cuevas, y sus ciudades históricas. Deportes, artes, historia – habrá algo de interés para todos los gustos. Ofrecemos también las excursiones siguientes:

- Visita de la antigua ciudad de Elche con su parque extraordinario
- Visita del Aquapark en San Juan
- Visita del castillo de Guadalest
- Excursión a las playas
- Cena en un restaurante típico con demostración de cocina regional
- Visita a un taller de baile regional
- Visita a una discoteca de Benidorm

El alojamiento está organizado en residencias universitarias o en familias. El precio del curso depende del número de optativas seleccionadas y del tipo de alojamiento. Todas las excursiones se cobran por separado y con antelación.

Para saber las tarifas exactas y las fechas y para más información sobre nuestras actividades, contacte a Srta Elena Sánchez: Teléfono 34-40-345-23-32 días laborables, entre 9.00 y 14.00 horas.

## 1  Lee y contesta

Lee el folleto y decide qué curso, optativas, excursiones y alojamiento les convendrían más a los ingleses en la tabla. Escribe cinco posibilidades para cada uno.

| Nombre | Recomendaciones |
|---|---|
| *Ejemplo:* *A Helen le gusta la pintura moderna y nadar. Habla muy poco el español y quisiera saber cómo viven los españoles. Le encanta bailar.* | • *español básico*<br>• *Dalí y la pintura abstracta*<br>• *alojamiento en familia*<br>• *Aquapark (o playas)*<br>• *discoteca en Benidorm (o taller de baile regional)* |
| John habla muy bien el español. Le encanta comer bien y quiere aprender a cocinar. Está muy aficionado al cine. Prefiere estar con jóvenes. | •<br>•<br>•<br>•<br>• |
| Peter aprende el español desde hace dos años y lo habla regular. Le gusta la geografía. Le gustaría alojarse con adultos y jóvenes de su edad. | •<br>•<br>•<br>•<br>• |
| Michelle habla muy bien el español pero quiere saber más de la literatura española. Le gusta bailar hasta muy tarde. | •<br>•<br>•<br>•<br>• |

[15 puntos:  8/15]

## 2  Escribe

Escribe a la señorita Elena Sánchez, del colegio Santa Faz en Alicante.

- Explícale tu nivel de español.
- Explícale por qué quieres mejorarlo.
- Pregunta sobre las fechas, el horario y los precios.
- Pregunta si ofrecen descuentos/becas para estudiantes extranjeros.
- Menciona las optativas y excursiones que te interesan.
- Avisa cómo quieres alojarte.

# EL MUNDO DEL TRABAJO

## Para el verano se busca . . .

Se busca a jóvenes extranjeros de 16-20 años para ayudar con niños de 8 a 12 años en campamentos de verano en Asturias. Requisitos: buen dominio del español e inglés, afición a los deportes y . . . mucha paciencia. Escribir con curriculum vitae a:
Campamentos de los Montes
c/ Sánchez 31, Madrid, España.

Bar/Discoteca San Miguel, Playa San Juan, Alicante necesita entre junio y setiembre a jóvenes de 16 a 20 años para hacer de:
- camareros en terrazas/salas
- disc-jockeys
- técnicos de sonido

### 1 Lee y escribe

You see these advertisements on your school notice board. You decide to write a letter to apply for one of them for next summer. You should include the following:

- your own details and address
- your experience (be inventive if necessary!)
- some questions regarding the job, your free time and salary.

### 2 Habla: diálogo

You are being interviewed for one of the jobs above. Choose the one you prefer. Answer the questions on the tape. The interviewer speaks first.

1 Habla de ti.
2 Explica las razones por las que te interesa el trabajo.
3 Menciona dos detalles.
4 Haz dos preguntas sobre el puesto.
5 el 15 del 07.

# Como buscar un trabajo

Informe empleo te explica las técnicas de búsqueda de empleo más eficaces.

---

**1**
Este año se crearon doscientos mil puestos de trabajo, y el ministro de Trabajo y de Seguridad Social es optimista. Ya sabemos que el paro es alto pero uno de estos puestos puede ser para ti. Te ayudará la suerte y los amigos, pero sobre todo necesitas preparar una estrategia.

**2**
Imagina que tu búsqueda es como un empleo y márcate un horario de las 9 a las 14 horas por las mañanas y de las 16 a las 18 por las tardes. Igual que si estuvieras en la oficina. Mantenerte ocupado te ayudará a valorarte personalmente para evitar el estrés del parado. Obsesionarte y quedarte horas delante del televisor deben evitarse a todo coste.

**3**
Procura conseguir un espacio tranquilo sólo para ti cuando haces llamadas por teléfono. Debes tener una mesa con carpetas para guardar los recortes de periódicos y tus notas. Y si no puedes tener una mesa, quizás te venga bien un archivador para clasificar tus datos. Además necesitarás bolígrafos y papel.

**4**
Recuerda a todos que estás trabajando y que no pueden interrumpirte ni usar el teléfono cuando tú estás llamando. Quizás otro teléfono en una habitación sea la solución ideal para ti.

---

## 1 Lee y contesta

**A** Lee los consejos. Empareja el título correcto con el número de cada consejo.

  **a** No a las interferencias   = consejo número ...........
  **b** Horario   = consejo número ...........
  **c** Estrategia   = consejo número ...........
  **d** Centro de operaciones   = consejo número ...........

**[4 puntos: 3/4]**

**B** Completa las frases poniendo la letra correcta al lado de cada una.

*Ejemplo:*

| | | |
|---|---|---|
| **1** *Debes crearte . . .*    *h* | **a** | permite vivir con menos estrés. |
| **2** Cuando trabajas | **b** | para guardar información importante. |
| **3** Estar ocupado | **c** | en España. |
| **4** Debes evitar | **d** | bolígrafos y papel. |
| **5** Necesitas un espacio | **e** | nadie te puede interrumpir. |
| **6** Un archivador es útil | **f** | tuyo. |
| **7** También te harán falta | **g** | mirar demasiado la televisión. |
| **8** El paro es alto | **h** | *. . . un horario preciso.* |

**[7 puntos: 4/7]**

---

# EL MUNDO DEL TRABAJO

## 2 Escribe

Rellena esta ficha con tus detalles personales.

NOMBRE: ............................................................................................................................

APELLIDO(S): ......................................................................................................................

DIRECCIÓN: ........................................................................................................................

TELÉFONO: ........................................................................................................................

ESTADO CIVIL: ..................................................................................................................

ESTUDIOS: ..........................................................................................................................

EXPERIENCIA PROFESIONAL: .......................................................................................

............................................................................................................................

............................................................................................................................

............................................................................................................................

............................................................................................................................

............................................................................................................................

............................................................................................................................

IDIOMAS: ............................................................................................................................

AFICIONES: ........................................................................................................................

............................................................................................................................

............................................................................................................................

............................................................................................................................

............................................................................................................................

............................................................................................................................

# Conéctate en el Internet

## 1 Lee y contesta

---

**JÓVENES SIN FRONTERAS**

*http://cabildogc.step.es/inforjoven/index1.htm*

Inforjoven es un proyecto que intenta informar a todos los jóvenes de la Comunidad Canaria. Trata de responder a las necesidades de información que demandan los jóvenes de la isla de Gran Canaria en los distintos campos (educativo, jurídico, social, etc.), además de responder a las necesidades de información para completar su formación, sus ofertas de trabajo, de ocio y de tiempo libre, educación y orientación para la salud, etc., en los países miembros de la UE, así como del resto del mundo.

---

**A** Read the article and give in English any four of the aims of *Inforjoven*.

*Example:* *provide information to all young people in the Canary Islands*

1 ......................................................................................................

2 ......................................................................................................

3 ......................................................................................................

4 ......................................................................................................

**[4 puntos:** 🎯 **2/4]**

---

## POR FIN ... ¡TRABAJO!

*http://helpwanted.com/*

Para aquellos que estén un poco desesperados a la hora de buscar trabajo les presentamos una de las primeras empresas de colocación a distancia que existen en Internet. Si deseas trabajar en cualquier punto del globo, quizás deberías darte una vuelta por el servidor de 'Buscamos trabajo' en la dirección: *http://helpwanted.com/*.

Podéis mandar vuestro currículum para ponerlo a disposición de terceras empresas interesadas en la contratación de personal – que serán expuestos sin coste alguno – o bien podéis ojear las empresas que solicitan candidatos a un puesto de trabajo.

Como por intentarlo nada se pierde; hay quien ha encontrado un pequeño trabajo gracias a su búsqueda por el servidor, no tardéis mucho en conectar. Quizás estéis perdiendo la oportunidad de vuestra vida ...

**B** Answer the following in English:

1 You access this site because you feel .................................................... [1]

2 What is special about the site? .......................................................... [1]

3 Where could you find a job? ............................................................. [1]

4 What could you send? ...................................................................... [1]

5 What is the fee? ............................................................................. [1]

6 How else could you use the site? ....................................................... [1]

7 Give two reasons for trying out the site. ..............................................

................................................................................................ [2]

[8 puntos: 6/8]

## 2 Escribe

*Escribe un mensaje en el Internet en contestación al texto del ejercicio A. Incluye cinco detalles en total:*

- quién eres
- dónde vives
- tus estudios actuales
- lo que te interesa saber
- tipo de jóvenes con quienes quieres comunicar **o** tipos de empleos que no te interesan.

# Trabajo y ambiciones

## 1 Escucha y contesta

Escucha los diálogos. ¿Qué profesión tiene cada persona, y dónde trabaja?
Escribe los números en las casillas y completa la tabla.

a ☐

b ☐

**Empleos**

1 médico
2 futbolista
3 enfermera
4 carnicero
5 contable
6 músico
7 arquitecto
8 profesora
9 estudiante

c ☐

d ☐

e ☐

f ☐

g ☐

|  |  | ¿Qué profesión? | ¿Dónde trabaja? |
|---|---|---|---|
| *Ejemplo:* | *Isabel* | *6* | *e* |
|  | Marisol |  |  |
|  | Juan |  |  |
|  | Roberto |  |  |
|  | Paco |  |  |
|  | Claudia |  |  |

[10 puntos 🎯 6/10]

# EL MUNDO DEL TRABAJO

## 2 Lee y contesta

Lee las ambiciones de estos jóvenes. ¿Dónde quieren trabajar? Escribe los nombres correctos en la tabla.

> Mi madre es profesora y mi padre es médico. Aunque los médicos ganan más dinero, quiero hacer la misma carrera que mi madre.
> **Carlos**

> Hablo dos idiomas y no me gusta la mentalidad de la gente en este país. No estoy seguro de lo que voy a hacer pero sí estoy seguro de que no trabajaré en España.
> **Juan**

> He ganado mucho dinero reparando los coches de mis amigos. Es un trabajo que me gusta y quiero seguir haciéndolo.
> **José**

> En casa me gusta hacer los quehaceres como arreglar las camas, limpiar. El año pasado, trabajé en una pensión haciendo este tipo de trabajo. En el futuro pienso buscar más trabajo así.
> **Ana**

> Paso mucho tiempo con mi tío Pepe ayudándole con las ovejas y los cerdos. Me gusta el trabajo y quiero seguir con ello en el futuro.
> **Álvaro**

> El año pasado trabajé en una empresa que hace productos en serie. Me gusta la idea de trabajar horas fijas y hacer el mismo trabajo cada día.
> **Juana**

> El verano pasado cuidé de mi tía María cuando estaba enferma. Es un trabajo utilísimo y quiero hacerlo más en el futuro.
> **Mari Carmen**

> Mi profesor dice que tengo talento en química y física y me gusta la idea de trabajar con químicos y quizás hacer algún descubrimiento científico importante.
> **Marta**

|  | Lugar de trabajo | Nombre |
|---|---|---|
| *Ejemplo:* | *en un colegio* | *Carlos* |
| **1** | en un hotel | |
| **2** | en una granja | |
| **3** | en un laboratorio | |
| **4** | en el extranjero | |
| **5** | en una fábrica | |
| **6** | en un hospital | |
| **7** | en un garaje | |

[7 puntos: 5/7]

## Un puesto de traductora

### Lee y contesta

**A** Lee la carta y contesta en español a las preguntas.

---

Londres, 1 de enero de 1998

Muy señor mío:

Acabo de ver su anuncio en el diario de hoy y quisiera solicitar el puesto de traductora en su servicio de Compras y Ventas.

Como verá en mi currículum, tengo amplia experiencia ya que trabajo desde hace tres años en una compañía similar a la suya. La razón por la cual deseo establecerme en Madrid es que acabo de casarme con un español que reside en la capital. Soy inglesa, pero hablo y escribo el italiano, el español y el francés porque mi madre es italiana y estudié el francés y el español en la universidad de Leeds. Residí un año en Francia y un año en España donde conocí a mi esposo mientras trabajaba como secretaria y traductora en su oficina de abogados internacionales.

Podrá Vd conseguir sin ningún problema referencias de mis jefes tanto en Londres como en Madrid. Podría empezar el trabajo a partir del 1 de agosto, puesto que llegaré a Madrid el 15 de julio. Sin embargo, si Vd necesita entrevistarme, no vería ningún inconveniente en acudir a Madrid antes de esas fechas.

Le puedo asegurar que soy trabajadora, eficaz y paciente y que su empleo es de gran interés para mí.

En espera de una contestación favorable, le saluda muy atentamente

*R. Hugh de Gómez*

Roberta Hugh de Gómez

Anexos: fotocopia de diplomas y currículum vitae

---

*Ejemplo:*    *¿Cómo se llama la candidata para el puesto? . . . Roberta Hugh . . .*

**1** ¿Está casada?..................................................................

**2** ¿Cuál es su nacionalidad?...............................................

**3** ¿Cuál es la nacionalidad de su madre? ..........................

**4** ¿Dónde vive de momento? ...............................................

**5** ¿Adónde va a vivir en julio?............................................

**6** ¿En qué ciudad quiere trabajar? .....................................

**7** ¿Cuánto tiempo estuvo en Francia? ................................

**8** ¿Cuál fue su empleo en Madrid? .....................................

**9** ¿Qué nacionalidad tiene su marido?...............................

**10** ¿Qué estudió Roberta en Leeds? ....................................

**[10 puntos:   🎯 6/10]**

---

    

**B** Lee el currículum de Roberta y pon unas ✓ en la tabla.

---

### CURRÍCULUM VITAE

NOMBRE: Roberta
APELLIDOS: Hugh de Gómez
FECHA DE NACIMIENTO: 30/06/1967
ESTADO CIVIL: Casada
DOMICILIO: 13 Alberry Road, Ealing, Londres W5, Inglaterra
Tel: 0181-534 3366
C/ Villalobos 33 Madrid España Tel: 788-67-76

**Datos académicos**

ESTUDIOS:
| | |
|---|---|
| 1991–1992 | Curso de traductora – Universidad de Leeds |
| 1991 | Licenciatura en francés y español |
| 1986 | 'A' levels en historia, francés y español en el Convento Santa María, Kilburn, Londres, Inglaterra |
| 1984 | 'O' levels en inglés (literatura y lengua), francés, español, historia, matemáticas, geografía, religión y artes en el Convento Santa María, Kilburn, Londres, Inglaterra |

**Experiencia profesional**

EMPLEO ACTUAL
Traductora desde 1/1/94 hasta ahora
Empresa: Simpkins Distributors Ltd
23 Golden Square, London WC1 3BN
Tel: 0171-494 6272
Sueldo actual: 18.000 libras esterlinas anuales

EMPLEOS ANTERIORES:
| | |
|---|---|
| 1993 | Secretaria/traductora Empresa: Bufete Legal Sánchez y Gómez C/ Villalonga 32, Madrid Tel: 855-78-84 |
| 1991 | Formación profesional de traductora Instituto: Milton & Brown Inc. 121 Regent Street, Leeds, Inglaterra |
| 1989–1990 | Au-pair en París, Francia |
| 1986–1987 | Trabajo en un kibbutz en Israël |

AFICIONES: Filatelia, lectura, arte dramático, gimnasia, piragüismo

---

| | | 1967 | 1979 | 1983 | 1986 | 1987 | 1989 | 1990 | 1991 | 1992 | 1993 | 1994 | 1995 | 1996 | 1997 |
|---|---|---|---|---|---|---|---|---|---|---|---|---|---|---|---|
| *Ejemplo:* 1 | *Nació* | ✓ | | | | | | | | | | | | | |
| 2 | Se casó | | | | | | | | | | | | | | |
| 3 | Aprendió el francés | | | | | | | | | | | | | | |
| 4 | Estudió para traductora [2] | | | | | | | | | | | | | | |
| 5 | Obtuvo su licenciatura | | | | | | | | | | | | | | |
| 6 | Empezó en Simpkins | | | | | | | | | | | | | | |
| 7 | Estuvo en Israël [2] | | | | | | | | | | | | | | |
| 8 | Hizo formación profesional | | | | | | | | | | | | | | |
| 9 | Aprobó sus 'A' levels | | | | | | | | | | | | | | |
| 10 | Trabajó en París [2] | | | | | | | | | | | | | | |

**[12 puntos: 🎯 8/12]**

# La belleza – una carrera

## 1 Lee y contesta

Lee los textos sobre Esther y Lola y completa las frases.

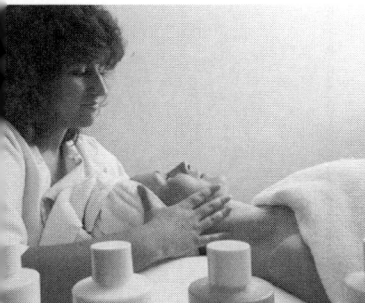

### ESTHER RODRÍGUEZ
**Esteticista**

Hace tres años que es esteticista. Asegura que de la estética lo que más le interesa son los masajes y las técnicas orientales de relajación y lo que menos la belleza de los pies.
¿Por qué esta profesión?
Estaba cansada de trabajos poco creativos y sin futuro.
¿Qué cualidades hay que tener para ser esteticista?
Lo principal es saber captar qué es lo que espera la cliente de tu trabajo, qué es lo que necesita. Cada persona necesita un tratamiento determinado para conseguir sentirse mejor.
¿Qué es lo que más te gusta de tu trabajo?
El contacto con las personas y las posibilidades que tienes de ampliar conocimientos. Tienes que saber escuchar y conseguir que la persona se sienta bien y olvide durante un rato todos sus problemas.

### LOLA PRIEGO
**Peluquera**

Esta madrileña de 38 años lleva 15 años ejerciendo como peluquera y asegura que continúa teniendo la misma ilusión que el primer día.
Después de 15 años trabajando de peluquera, ¿no cansa hacer siempre lo mismo?
Esta es una profesión que permite dar rienda suelta a tu imaginación, que te da la posibilidad de realizarte.
¿Qué es lo que más te gusta de tu profesión?
La creatividad es lo más bonito, la necesidad de adaptar los peinados a los rasgos de las personas.
¿Qué te ha hecho sentir más satisfecha de tu trabajo?
Recuerdo a una clienta muy clásica a quien le hice un peinado muy atrevido.
Al terminar me dijo que lo que no había conseguido su psicólogo en 10 años, yo lo había logrado en dos semanas: enfrentarse a sus propios fantasmas. Estaba guapísima.
¿Los peinados de moda son iguales para todo el mundo?
Existen unas tendencias, pero tú debes saber adaptar ese peinado de moda a cada cliente en particular. No es lo mismo una cara ovalada que una redonda.

### Esther

1 Ejerce su profesión desde hace ...................................................................

2 Lo que más le gusta son los.............................................................. [2]

3 Lo que menos le gusta es la.............................................................

4 No quería un trabajo poco...............................................................

5 ni un trabajo sin ...........................................................................

6 Lo más importante para Esther es saber ...............................................

### Lola

1 Ella es ...........................................................................................

2 Tiene ............................................................................................

3 Ejerce su profesión desde hace .........................................................

4 Está tan ilusionada como en ............................................................

5 Esta profesión permite ....................................................................

6 Lo más bonito es la .........................................................................

[13 puntos: 🎯 8/13]

109

## Una vacante en El Corte Inglés

### EL CORTE INGLÉS

Somos los mayores almacenes de España.
¿Le gustaría trabajar en el centro de Madrid?
Nuestro departamento de artículos de cuero busca a un/una
joven de nacionalidad británica para trabajar en nuestro
almacén vendiendo a clientes de habla inglesa. Conocimiento
de francés también sería una ventaja. Salario elevado y
alojamiento incluido. Mande sus detalles personales con un
sobre franqueado a su nombre a:
José Ruíz, El Corte Inglés, Madrid.

### 1 Lee y contesta

Read the job advert and answer the questions in English.

1 What do you learn about the *Corte Inglés* store from the first line of the advert? .................................................................

2 Where exactly is the store? ....................................................................

3 What articles would you be selling? ....................................................

4 Why are they looking for someone British? ........................................

5 Apart from the ability to speak English, what other skill is sought? ...........

   ....................................................................................................

6 What information is given about pay? ..................................................

7 What information is given about accommodation? ............................

8 What must you send with your personal details? ..............................

**[8 puntos: 6/8]**

### 2 Escribe

El trabajo del anuncio te interesa. Escribe una carta a José Ruíz. Menciona:

- tus detalles personales
- tu edad
- las lenguas que hablas
- tu experiencia en este tipo de trabajo
- tu personalidad
- si conoces ya España.

# Busco trabajo en Inglaterra

## 1 Lee y contesta

Lee esta carta de una revista española. ¿Las frases son verdaderas o falsas? Escribe V o F en la casilla.

Escribo a su revista para pedir ayuda. Ya sé que tiene muchos lectores en Inglaterra y es a ellos que me dirijo. Soy argentina pero vivo en España. Estoy aprendiendo el oficio de peluquera y quiero trabajar un año en Inglaterra para aprender cómo son los salones británicos. He escrito a muchas agencias pidiendo ayuda. Unas no han contestado y otras quieren cantidades fantásticas de dinero para buscar lo que necesito. Me iría bien una peluquería en cualquier parte de Gran Bretaña y por supuesto, alojamiento en la vecindad. No necesito un salario elevado porque estaré allí para aprender, no para ganar dinero. ¿Alguien puede ayudarme?

*Conchita, León*

1 Conchita nació en España. ☐

2 Conchita tiene domicilio en España. ☐

3 La revista se lee sólo en España. ☐

4 Conchita quiere ser abogada. ☐

5 Conchita quiere trabajar en Inglaterra. ☐

6 Conchita cree que las agencias son caras. ☐

7 Todas las agencias han contestado a sus cartas. ☐

8 Conchita quiere trabajar en el sur de Inglaterra. ☐

9 Conchita no aceptaría trabajo en Escocia. ☐

10 Conchita quiere ganar mucho dinero. ☐

[10 puntos: 7/10]

## 2 Escribe

Tu amigo Paul es peluquero. Paul ofrece dar trabajo a Conchita. Escribe una carta a Conchita. Menciona:

- dónde viste su carta
- tu amigo Paul y su oferta
- en qué parte de Gran Bretaña vive Paul
- su personalidad
- detalles del trabajo que le ofrece a Conchita
- que Paul espera que le escriba Conchita.

## Una oferta de trabajo

### 1  Escucha y contesta

Rafael está hablando de un puesto que le han ofrecido. Escucha el casete y toma notas.

1  ¿Qué tipo de trabajo busca? .......................................................................

2  ¿Por qué le gusta este tipo de trabajo? ..................................................

3  ¿Dónde trabajará? .....................................................................................

4  Los Estados Unidos no le conviene porque ...........................................

5  Duración de la estancia en el extranjero ..............................................

6  ¿Qué hará con su dinero en el extranjero? ............................................

7  ¿Qué hará al volver a España? ...............................................................

[7 puntos:    4/7]

### 2  Habla: diálogo

You are in Spain and you are looking for a summer job. You go to a job agency. The agent will start the conversation. Use the cassette to listen to his questions and use the prompts below as a basis for your replies.

■ detalles personales
■ duración de estancia
■ tipo de trabajo preferido
■ experiencia
■ contesta a la pregunta.

### 3  Escribe

Quieres ir a trabajar en España. Escribe una carta al dueño de una empresa en Barcelona pidiendo trabajo. Menciona:

■ el tipo de trabajo que quieres hacer
■ por qué te gusta ese tipo de trabajo
■ cuánto español hablas
■ tu experiencia en ese tipo de trabajo
■ la razón por la cual quieres trabajar en España.

## Trabajo en el extranjero

### 1 Escucha y contesta

Escucha esta conversación entre un chico y su abuelo. Pon la letra correcta en la casilla para emparejar las frases.

*Ejemplo:*

| | |
|---|---|
| **1** *Antes de 1968 . . .* | **a** . . . el abuelo estaba desempleado. $\boxed{d}$ |
| **2** Al llegar a Inglaterra . . . | **b** . . . los dos se casaron. ☐ |
| **3** En 1971 . . . | **c** . . . su correspondencia. ☐ |
| **4** Durante tres años . . . | **d** . . . *el abuelo y la abuela eran novios.* ☐ |
| **5** La pareja ha guardado . . . | **e** . . . trabajó en un restaurante/ bar. ☐ |
| **6** La abuela no pudo ir a Inglaterra . . . | **f** . . . con un pariente. ☐ |
| **7** El abuelo encontró . . . | **g** . . . no se vieron los abuelos. ☐ |
| **8** El abuelo se alojó . . . | **h** . . . por responsabilidades de familia. ☐ |
| **9** En Inglaterra el abuelo gastó . . . | **i** . . . cuatro hijos. ☐ |
| **10** Más tarde nacieron . . . | **j** . . . muy poco dinero. ☐ |

**[9 puntos: 6/9]**

### 2 Lee y contesta

Three Spaniards are talking about getting work experience abroad and their future in different fields of design. Read what they say and fill in the grid in English.

> Me llamo José. Voy a trabajar en Alemania. Estaré allí dos meses. Es que me gusta el clima más fresco de allí. Estaré en una fábrica de coches y un día quiero trabajar en una fábrica así diseñando coches.
> **José**

> Me llamo Isabel. Voy a trabajar en Italia. Pasaré un año entero en Roma. Me gusta la gente de Italia. Mi padre es sastre y quiero trabajar en una casa de modas. En el futuro quiero trabajar en el diseño de modas.
> **Isabel**

> Me llamo Enrique. Voy a trabajar en Francia durante dos semanas, nada más. Una cosa, es que me encanta la cocina francesa. Voy a trabajar en una fábrica de aviones. En el futuro voy a trabajar diseñando aviones.
> **Enrique**

| | José | Isabel | Enrique |
|---|---|---|---|
| Which country? | | | |
| How long? | | | |
| Reason for liking the country | | | |
| What he/she would like to design | | | |

**[12 puntos: 8/12]**

# El mundo de la moda

## Lee y contesta

**A** Mira los dibujos y empareja los títulos abajo con ellos. Escribe las letras correctas en las casillas.

**1** 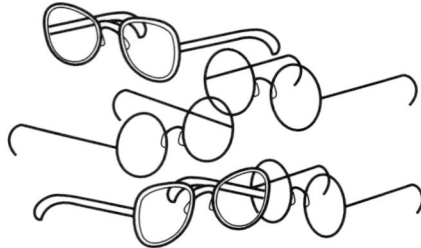 ☐

**2** 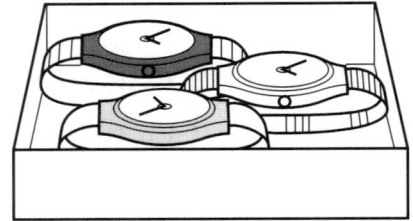 ☐

**3** *Ejemplo:*  g

**4** 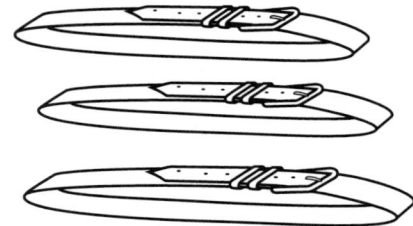 ☐

**5** 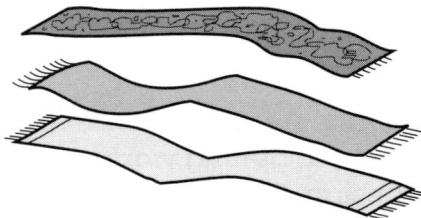 ☐

**6** 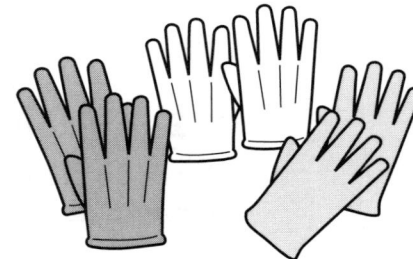 ☐

**7** 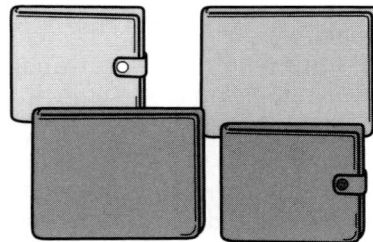 ☐

   **a** Cinturones con estilo

   **b** Un buen par de guantes

   **c** Bien abrigados

   **d** Todo en orden

   **e** Miradas elegantes

   **f** La hora exacta

   **g** Un aire clásico

**[6 puntos: 4/6]**

**B** Empareja los dibujos con la lista abajo.

1

2

3

4

5

6

7

8

9

*Ejemplo:*  **a** Faldas y Blusas   5   TODAS A 5.500

**b** Chaquetas   ☐   TODAS A 12.900

**c** Pantalones   ☐   TODOS A 5.900

**d** Chalecos   ☐   TODOS A 4.500

**e** Suéteres   ☐   TODOS A 3.900

**f** Bermudas   ☐   TODOS A 5.500

**g** Zapatos   ☐   TODOS A 6.950

**h** Bolsos de piel   ☐   TODOS A 14.950

**i** Botines   ☐   TODOS A 8.450

[8 puntos: 6/8]

**C** Empareja las imágenes con las frases adecuadas abajo. Escribe las letras correctas en las casillas.

|   |   |
|---|---|
| 1 | 2 |
| 3 | 4 |

**a** Chaqueta de lana 100%. Falda con cinturón. Blusa de satín. ☐

**b** Falda evasé. Chaleco de lana 100%. Blusa camisera de satín. ☐

**c** Pantalón con cinturón. Suéter con cuello polo. ☐

**d** Chaqueta corta y pantalón con cinturón, de Principe de Gales. Suéter con cuello cisne. ☐

**[4 puntos: 🎯 2/4]**

# E El mundo internacional

### Comer en francés, en italiano . . .

#### 1  Lee y contesta

Read the article and answer the questions in English.

---

# Comer en francés, en italiano, en chino . . . sin salir de tu ciudad

**Descubre mundos distintos a través de nuevos sabores.**

De vez en cuando hay ocasión para cenar fuera de casa. Una celebración, una velada romántica, una reunión con los compañeros de trabajo. . .

Sorpréndelos y escoge para la ocasión un restaurante de cocina internacional. Saborearéis las más insospechadas exquisiteces: desde *foiegras* de Estrasburgo a osobucco italiano, pasando por la sofisticada comida oriental. Es como viajar sin moverse de España y conocer nuevos mundos a través de otros sabores. Una vez en el restaurante, si no entendemos los nombres del menú, es mejor preguntar antes que encargar por ignorancia un plato que no nos guste. La mayoría de los restaurantes cuentan con un menú del día más económico que la carta.

---

1  Name two advantages of eating foreign food. ...............................................
.................................................................................................................. [2]

2  What advice is given? ............................................................................................

3  Why? ........................................................................................................................

4  What do most restaurants offer? ..........................................................................

5  Which three countries' food could you get to know? ........................................
.................................................................................................................................. [3]

[8 puntos:  5/8]

#### 2  Escribe

Acabás de comer en un restaurante internacional. Manda una carta postal a tu amigo/a español/a. Menciona:

- el tipo de restaurante
- con quien fuiste
- lo que comiste
- si fue barato o no
- algo personal.

---

# Alojamiento de vacaciones

## 1 Lee y contesta

Lee los anuncios para alojamiento de vacaciones. ¿Qué alojamiento es mejor para qué familia? Pon la letra correcta en cada casilla.

**A**

**Apartamento** de lujo a treinta kilómetros del mar. Máximo 5/6 personas. Piscina. Calefacción central. Servicio de limpieza todos los días. Disponible en otoño.

**B**

**Apartamento** para 4/5 personas a cien metros de la costa. Aislado. Muy tranquilo. Piscina. Todas facilidades. Disponible en primavera.

**C**

**Apartamento** de lujo en el centro de la ciudad. Máximo 3/4 personas a unos metros de bares, discotecas, tiendas, etc.

**D**

**Apartamento** para cinco personas disponible en otoño. Piscina, aire acondicionado. Todo lujo.

**E**

**Casa** de dos pisos disponible en otoño. Cerca de un lago con posibilidades de hacer vela. Piscina al lado.

**F**

**Apartamento** de dos dormitorios, máximo ocho personas, enfrente del mar. Disponible todo el año. Animales no.

**Familia 1** Papá, mamá, abuelo, abuela y tres niños buscan alojamiento tranquilo del 10 al 24 de julio. ☐

**Familia 2** Somos cuatro y un perro. Buscamos alojamiento a dos minutos máximo de la playa del 14 al 21 de abril. ☐

**Familia 3** Familia con dos niños y un gato busca alojamiento del 20 al 27 de octubre cerca de río, canal, estanque (pero no del mar). Tenemos barco. ☐

**Familia 4** Somos tres y buscamos piso con ambiente y marcha del 12 al 19 de abril. ☐

**Familia 5** Somos cinco y buscamos apartamento de lujo muy cerca del mar del 23 al 30 de octubre. ☐

**[5 puntos: 🎯 3/5]**

## 2 Escribe

Te vas de vacaciones con tu familia y buscáis un piso en Málaga. Escribe una carta a la oficina de turismo de Málaga. Menciona o pregunta sobre:

■ el número de dormitorios que queréis
■ la distancia del mar
■ qué facilidades hay cerca
■ los medios de transporte dentro de la ciudad
■ transporte del aeropuerto al piso.

## Una reserva de hotel

### 1 Lee y escribe

Lee la carta. Luego escribe una respuesta a Remedios Guerra de parte del gerente del hotel, tratando de contestar a todas sus preguntas.

Sra R. Guerra
Diego de León 5 2º-2ª
Salamanca

El Gerente
Hotel Vistamar
Avenida del Príncipe, 3
Santander

5 de junio de 1998

Muy señor mío:

Le escribo para reservar dos habitaciones desde el día 15 de julio hasta la noche del 29 inclusive. Queremos una con cama de matrimonio y baño completo y la otra con dos camas individuales y ducha. Si es posible nos gustaría tener vistas al mar. Le estaría muy agradecida si pudiese indicarnos el precio de cada habitación para las fechas citadas y también si los desayunos están incluídos o no.

Nos gustaría saber lo que hay para los turistas en Santander en verano. Tenemos un hijo de 13 años a quien le gustan mucho los deportes y una hija de 19 años. ¿Quizás pueda incluir algunos folletos turísticos con los documentos de la reserva?

¿Cómo es la playa cerca del hotel? Espero que no esté sucia ni con rocas. Llegaremos en coche y nos gustaría saber si el hotel dispone de un aparcamiento para sus clientes.

Le agradezco de antemano toda la información que Vd pueda ofrecernos y le saludo muy atentamente.

*f. Guerra*

Sra Remedios Guerra

## 2  Habla: diálogo

Estás en el hotel Vistamar y tienes muchas quejas. Mira los dibujos y explica a la recepcionista qué pasa. Ella habla primero.

**1**

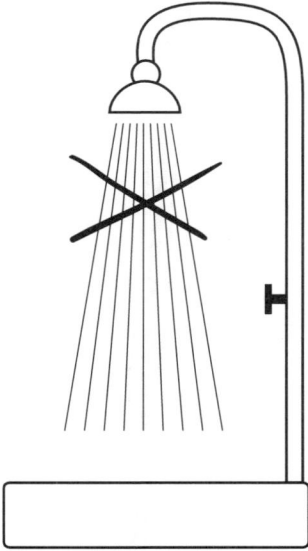

**2**

**3**

**4**

**5**  Agradécele.

## Vacaciones en San Antonio

### 1 Lee y contesta

Lee este folleto que habla de las atracciones de San Antonio y rellena la tabla.

¿VACACIONES EN SAN ANTONIO?

¡VISÍTANOS! TENEMOS MUCHO QUE OFRECER A TODA LA FAMILIA

★ playas magníficas
★ clima excelente
★ arquitectura del siglo pasado
★ facilidades deportivas
★ restaurantes de alta categoría
★ exposición permanente de pinturas y esculturas

|  | Sí | No se dice |
|---|---|---|
| **1** San Antonio está a orillas del mar. | | |
| **2** San Antonio tiene un zoo. | | |
| **3** En San Antonio hay edificios antiguos. | | |
| **4** En San Antonio normalmente hace buen tiempo. | | |
| **5** En San Antonio hay barcos de vela. | | |
| **6** En San Antonio hay un estadio de fútbol. | | |
| **7** En San Antonio hay un museo de arte. | | |
| **8** En San Antonio se puede comer bien. | | |

**[8 puntos: 6/8]**

## 2 Habla: diálogo

You are going to San Antonio for your holidays. A friend is asking you about it. Answer him using the cassette and the prompts below. He speaks first.

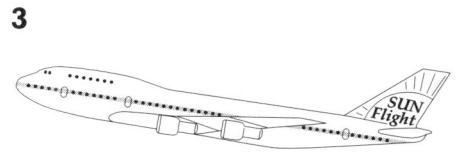

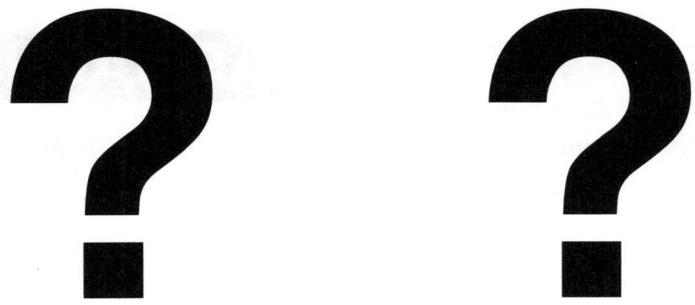

**1**

**2**

**3**

**4**

**5**

**6**

**7**

## Gana un Euroviaje

### 1 Escucha y contesta

Escucha el anuncio y escribe el número de cada sabor en el orden en que
está mencionado.

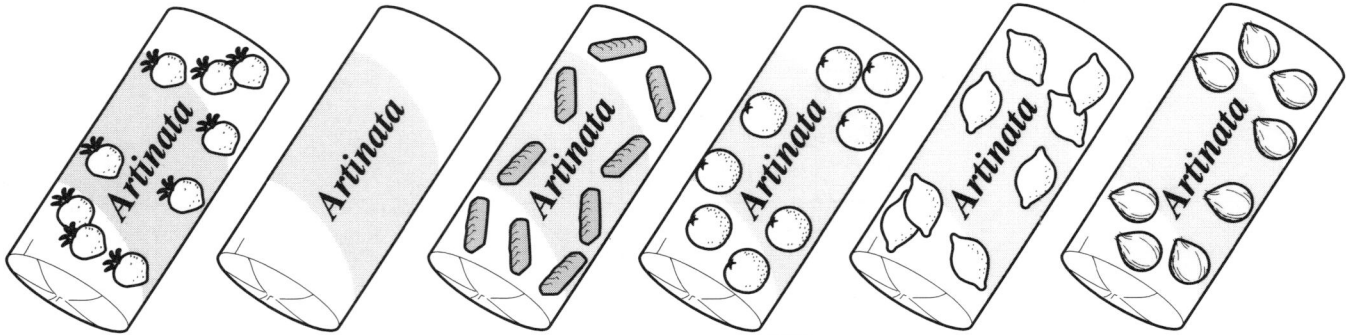

**a** orange ☐

**b** chocolate ☐

**c** coconut ☐

**d** strawberry ☐

**e** lemon ☐

*Ejemplo:* **f** original ☐ 1

**[5 puntos: 3/5]**

### 2 Lee y contesta

### Un Euroviaje y Regalos para los Cinco Sentidos

*Artinata, la galleta rellena más ligera y crujiente que jamás hayas probado ... un auténtico placer en todos los sentidos, te ofrece ahora también regalos para tus cinco sentidos:*

- **Un video del film 'Belle Epoque'.**
- **3 CDs de Rossini, Bach y Beethoven.**

- **Un foulard de diseño italiano.**
- **Un estuche con artículos de tocador.**
- **Un lote con toda la gama Artinata.**

*Envía una carta con tus datos y 2 códigos de barras de cualquier envase de Artinata, indicando qué regalo deseas a:*

**ARTIACH
Apartado de Correos 3.141
08080 Barcelona.**

*Las 1.000 primeras cartas de cada opción tienen **Regalo Seguro**.*

*Además, todas las cartas recibidas participan en el sorteo ante Notario de **Un Viaje por Europa** para dos personas y **200 lotes completos de Regalos para los Cinco Sentidos**.*

**ARTIACH**

*Siempre un placer*

**A** Lee el texto. ¿Cuáles de los siguientes regalos puedes pedir si compras las galletas Artiach? Pon ✓ o ✗ en cada casilla.

*Ejemplo:*

 ☒

1 ☐  2 ☐  3 ☐  4 ☐  5 ☐

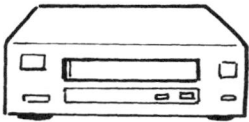  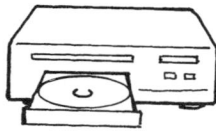      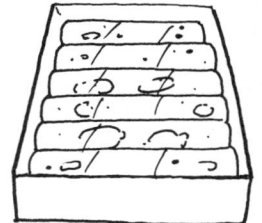

6 ☐  7 ☐  8 ☐  9 ☐  10 ☐

  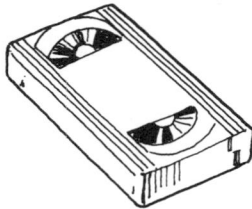      

**[10 puntos: 6/10]**

**B** ¿Las frases abajo son verdad (✓) o mentira (✗)?

| | | Verdad | Mentira |
|---|---|---|---|
| *Ejemplo:* | *Artinata is a type of sweet.* | | ✗ |
| | **1** Artinata is a type of wafer. | | |
| | **2** It is the lightest ever made. | | |
| | **3** To get a free gift you must send a postcard with your date of birth. | | |
| | **4** To get a free gift you must send a letter with your personal details. | | |
| | **5** You must also send your post code. | | |
| | **6** You must also send two biscuit wrappers showing a bar code. | | |
| | **7** You can claim all five free gifts. | | |
| | **8** You can also win a trip around Europe. | | |

**[8 puntos: 6/8]**

### 3  Habla: diálogo

Estás en una agencia de viajes. Mira los dibujos abajo y contesta a las preguntas del empleado en el casete. Él habla primero.

**1**

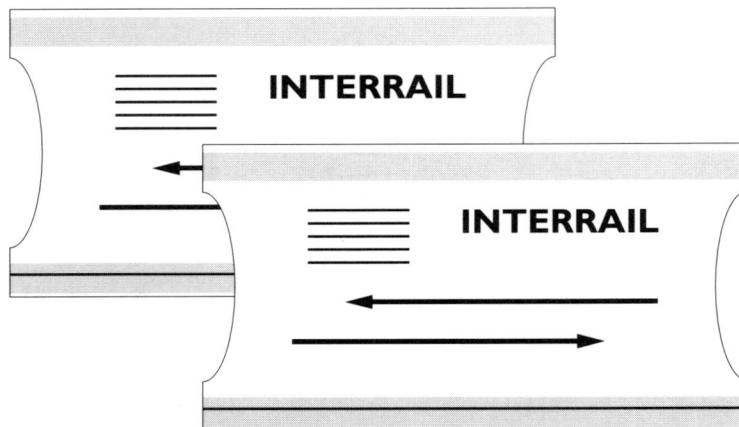

**2**

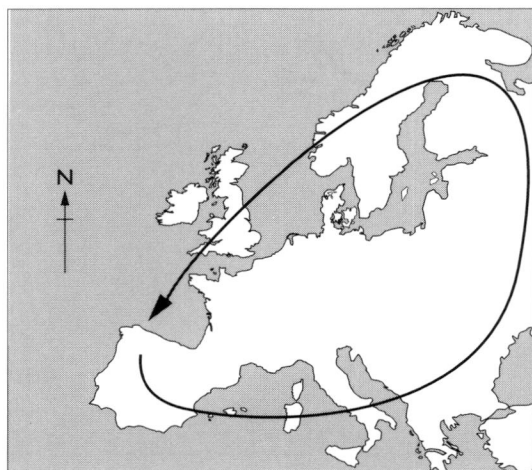

**3**  ¿Es posible . . . ?

**4**  ¿Descuento?
**5**  Contesta a la pregunta.

# Un viaje exótico

## 1 Lee y contesta

Lee la carta siguiente.

Querida Amy

¿Qué tal te encuentras después de tu operación de apendicitis?
Espero que mejores pronto. Para alegrarte un poco, voy a contarte
cómo fue el viaje que acabo de hacer.

Fue un viaje de fin de curso como solemos hacer todos los años.
Esta vez fuimos a... ¡Tailandia! con todos nuestros compañeros del
curso. Ahorramos durante todo el año. Ya teníamos la idea de realizar
este viaje desde el año pasado. También hicimos muchos trabajitos. Lavamos coches, guardamos niños, hicimos las compras para
las personas mayores. También limpiamos los cristales de varias
urbanizaciones donde hay muchas casitas y chalets.

Algunos de nosotros nos fuimos a cantar y tocar la guitarra por las calles.
Además organizamos Tómbolas. Y finalmente, con la ayuda finan-
ciera de nuestros padres, reunimos dinero suficiente para diez
días en Bangkok y las islas de Phuket.

El vuelo duró muchas horas y llegamos cansadísimos a nuestro destino.
Tuvimos un día de descanso. Luego fuimos a visitar un templo cu-
bierto de oro: una maravilla ¡de verdad! Vimos los mercados que
hay en el río, visitamos todas las tiendas para comprar blusas
de seda y relojes muy baratos. Eran verdaderas gangas.

Pero no me gustó el olor horrible que había en las calles. A veces
era insoportable, y teníamos que taparnos la nariz con un
pañuelo. Había demasiada gente en Bangkok, costaba mucho
andar sin perder al grupo. ¡Fíjate, una vez perdimos a un
profesor! Lo encontramos tres horas más tarde en el bar del hotel.
Parecía muy asustado. Nos gustó mucho más nuestra estancia
de seis días en las islas de Phuket. Aquello era un paraíso.
Allí, cada día, solíamos nadar, tomar el sol, comer como reyes,
y acostarnos muy tarde después de unas fiestas muy bonitas.

Bueno. Espero verte en Alicante este verano para
enseñarte las fotos de mi viaje... Hasta pronto
Besos,
Lola.

**A** Indica con una señal ✓ lo que hicieron los estudiantes para pagar el viaje. Indica con una equis ✕ lo que **no** hicieron.

*Ejemplo:* ✓

1 ☐

2 ☐

3 ☐

4 ☐

5 ☐

6 ☐

7 ☐

8 ☐

9 ☐

10 ☐

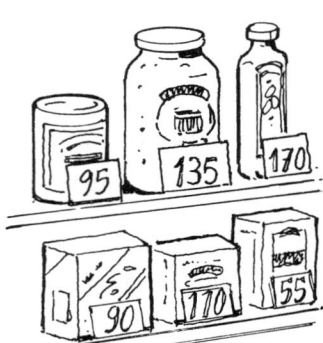

11 ☐

**B** Rellena cada espacio con una sola palabra.

1 En su colegio hacen un viaje cada .................................................................................

2 Este año fueron a .........................................................................................................

3 Tuvieron que ganar mucho..............................................................................................

4 Hicieron muchos ...........................................................................................................

5 Limpiaron.................................................y.................................................... [2]

6 Tocaron la ...................................................................................................................

7 También ..............................en las calles.

[8 puntos: 5/8]

**C** Pon las frases en orden.

*Ejemplo:*

| | | |
|---|---|---|
| **k** | *Este año Lola y sus compañeros de clase viajaron a Tailandia.* | *1* |
| **a** | Una vez perdieron al profesor. | |
| **b** | Después pasaron seis días en las islas de Phuket. | |
| **c** | Compraron cosas muy baratas en Bangkok. | |
| **d** | Para esto hicieron muchas tareas domésticas. | |
| **e** | Visitaron un templo y unos mercados. | |
| **f** | Pasaron diez días en total en Tailandia. | |
| **g** | Primero llegaron a Bangkok. | |
| **h** | Tuvieron que ganar mucho dinero. | |
| **i** | Lola opinó que la capital olía mal. | |
| **j** | A Lola le gustó mucho más aquel paraíso. | |
| **l** | Se acostaron muy tarde después de las celebraciones. | |
| **m** | Lo encontraron en el bar del hotel. | |

[12 puntos: 8/12]

## 2 Escribe

Escribe una carta a Lola y cuéntale cómo era un viaje exótico (imaginario o verdadero) que hiciste tú el año pasado. Incluye los siguientes puntos:

- adónde fuiste
- cuándo fuiste
- con quién fuiste
- lo que hiciste
- una descripción del lugar
- una descripción de algo que pasó.

## ¡Ojalá me tocara la lotería!

### 1 Escucha y contesta

Escucha el casete y completa la tabla con los detalles adecuados.

|  | ¿Dónde? | ¿Por qué? | ¿Cuánto tiempo? | ¿Con quién? | Un detalle especial |
|---|---|---|---|---|---|
| Ejemplo: Carmela | Nueva York | ver los rascacielos | 3 semanas | Antonio Banderas | Hotel de 5 estrellas o beber champán |
| **Pedro** | | | | | |
| **Marisol** | | | | | |
| **José** | | | | | |

[15 puntos: 🎯 10/15]

### 2 Escribe

Y tú, ¿qué harías si te tocara la lotería? Escribe a tu amigo/a español/a.
Incluye lo siguiente:

- tres cosas que harías tú con el dinero
- si darías dinero a alguien
- ¿Por qué?

# Problemas al llegar a Buenos Aires

## 1 Lee y contesta

Viajas a América del Sur. Lee las situaciones y empareja cada una con la decisión que la corresponde. Pon la letra correcta en la casilla.

**Situaciones**

*Ejemplo:* *Llegas al aeropuerto de Buenos Aires y alguien te roba una maleta.* | b |

1 Quieres ir al centro de la ciudad pero no encuentras un autobús. ☐

2 Al llegar a tu hotel el portero dice que está completo. ☐

3 Al llegar al segundo hotel ves un letrero que dice que el ascensor no funciona. ☐

4 Al entrar en tu habitación ves que la cama no está hecha. ☐

5 Al ir a otra habitación tienes sueño. ☐

6 Después de una siesta tienes hambre. ☐

7 Después de comer el camarero se equivoca al hacer la cuenta. ☐

8 La cuenta dice 'servicio incluido' pero el camarero pide una propina. ☐

9 Quieres información sobre la ciudad. ☐

10 Empieza a llover. ☐

**Decisiones**

a Te niegas a pagar más.
b *Denuncias el robo.*
c Te acuestas.
d Vas a un restaurante.
e Pides otra habitación.
f Vas a la oficina de turismo.
g Coges un taxi.
h Buscas otro hotel.
i Subes la escalera.
j Pones tu impermeable.
k Pides que la vuelva a hacer.

**[10 puntos: 🎯 7/10]**

## 2 Habla: diálogo

You are telling a Spanish friend how you solved the problems that faced you in Buenos Aires. Listen to her questions on the cassette and use the prompts below as the basis of your replies. She speaks first.

1 la maleta
2 un taxi
3 completo
4 el ascensor
5 Cuéntaselo.

## Para un viaje sin problemas

### 1 Escucha y contesta

**A** Vas a un país no europeo. ¿Necesitas llevar lo siguiente? Pon ✓ (sí) o ✗ (no) en las casillas.

*Ejemplo:* ☒

1 ☐

2 ☐

3 ☐

4 ☐

5 ☐

6 ☐

7 ☐

**[7 puntos: 4/7]**

**B** Pon ✓ o ✗ en las casillas para indicar si una embajada o un consulado en el extranjero te puede ayudar o no.

*Ejemplo:*

 ✓  1 ☐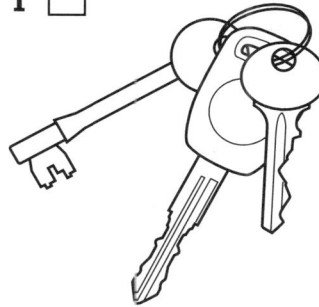

2 ☐   3 ☐ 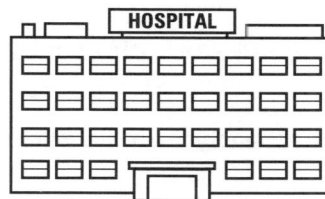  4 ☐

5 ☐ 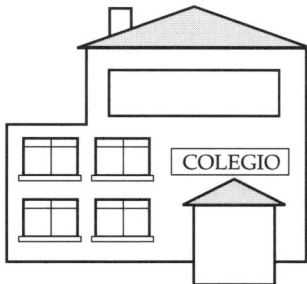  6 ☐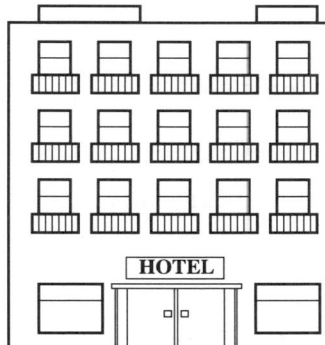

**[6 puntos: 🎯 4/6]**

## 2 Escribe

Rellena la ficha abajo con tus detalles personales.

---

### PETICIÓN DE VISADO

Nombre.................................................................

Apellidos ...........................................................

Dirección y número de teléfono....................................

Fecha de nacimiento ...............................................

Edad.................................................................

Estado civil........................................................

País de origen......................................................

Destino ............................................................

Nacionalidad........................................................

---

## El coche limpio del futuro

### 1 Lee y contesta

Read the text and answer the questions in English.

---

# En busca del coche sin malos humos

Está claro. A nadie le gustan los coches actuales, pues no sólo utilizan un combustible caro, sino que sus emisiones son las principales causantes de la contaminación urbana. Pero no parece haber acuerdo a la hora de decidir qué alternativa debe ponerse en marcha. Los usarios prefieren los automóviles de gas natural, muy barato y cómodo; las compañías petroleras apuestan por la gasolina ecológica; los ecologistas luchan por implantar el coche eléctrico, y los fabricantes se adaptan a cualquier fórmula: lo que quieren es seguir vendiendo automóviles.

Lo que parece evidente es que todos los implicados buscan con esfuerzo una misma piedra filosofal: el combustible que no contamine.

---

*Example:* *What contaminates our cities most?*
*Cars*

**1** What has already helped reduce the air pollution?

.......................................................................................................................

**2** What two problems do cars present at the moment?

**a** ...............................................................................................................

**b** ...............................................................................................................

**3** Match the people with the fuel. Put the correct number in each box.

| | | |
|---|---|---|
| **a** car drivers | ☐ | **1** ozone-friendly petrol |
| **b** ecologists | ☐ | **2** anything |
| **c** petrol companies | ☐ | **3** electricity |
| **d** car manufacturers | ☐ | **4** natural gas |

**[7 puntos: 🎯 4/7]**

### 2 Lee y contesta

Look at the diagram of the clean car of the future.

**Todas las claves del futuro automóvil limpio**

**Ruedas**
En el futuro serán más estrechas y duras, y su efectividad y rozamiento permitirán reducir el consumo de combustible.

**Cristales**
Utilizarán pigmentos ecológicos y deberán ir siempre cerrados. Así se disminuye el rozamiento y, por tanto, el consumo.

**Escape**
Filtros modernos y combustibles verdes disminuirán las emisiones gaseosas entre el 70 y el 80 por 100.

**Depósito**
Es un misterio qué tipo de carburante triunfará el próximo siglo. Entre los más prometedores está el hidrógeno.

**Carrocería**
Se fabricará con materiales compuestos no metálicos y reciclables y, asimismo, será mucho más ligera que las actuales.

**Motor**
Pequeño y más eficiente, combinará la combustión química y la eléctrica y estará dirigido por un ordenador.

---

**134**

Match the statements 1–11 below with the car parts by writing the appropriate letter(s) after each statement. Number 1 has been done as an example.

*Ejemplo:*

**1** *will help reduce fuel consumption* ........................................................................*A, D*

**2** will be narrower ...............................................................................................

**3** will be harder ...................................................................................................

**4** will reduce toxic emissions by 70% to 80% ....................................................

**5** will use modern filters .....................................................................................

**6** will be computer-controlled ............................................................................

**7** will use non-metallic materials ........................................................................

**8** will be lighter ..................................................................................................

**9** will be smaller and more efficient ...................................................................

**10** will possibly use hydrogen ...........................................................................

**11** will always have to be closed ........................................................................

| A | B | C | D | E | F |
|---|---|---|---|---|---|
| Wheels | Exhaust pipe | Fuel tank | Windows | Bodywork | Engine |

**[10 puntos:** 🎯 **6/10]**

## 3  Habla: diálogo

Mira otra vez el coche limpio del futuro. Estás discutiéndolo con un amigo. Escucha el casete y contesta a sus preguntas, dando tu opinión. Él habla primero.

**1** Sí o no, porque . . .
**2** Sí o no, porque . . .
**3** Yo quitaría o añadiría . . .
**4** Sí o no, porque . . .

## 4  Escribe

Escribe un pequeño artículo (100–120 palabras) para un periódico, describiendo un coche nuevo que no daña al medio ambiente.

## Qué hacer con la basura

### 1 Lee y contesta

Lee el artículo y pon la letra correcta en la casilla para emparejar las frases.

# Qué hacer con la basura

*La mejor solución para tratar los residuos es el reciclado. Pero esta práctica todavía no es más que un buen deseo.*

El tratamiento de los residuos es uno de los mayores retos a los que tienen que enfrentarse las ciudades modernas. Los ecologistas han reducido sus consejos al famoso eslogan de las tres erres: reducir, reciclar y reutilizar. Efectivamente, el reciclado es la alternativa más atractiva a la acumulación de basuras, mucho más que el vertido en centros controlados o la incineración. Pero ¿es realista?

Los datos objetivos no parecen muy claros. En España, sólo se recicla el 3 por 100 de la basura, y en los próximos 20 años se espera llegar al 25 por 100; un porcentaje pequeño para convertirse en una alternativa realista.

El reciclado se enfrenta tradicionalmente a dos obstáculos. El primero es que sólo resulta económicamente viable si la industria utiliza estos nuevos materiales en sustitución de las materias primas clásicas. Lo malo es que, en ocasiones, los productos reciclados son más caros.

El segundo impedimento es que las autoridades deben poner los medios suficientes para que el reciclado sea eficaz, lo que, a veces, no es posible. La idea de un mundo verde lleno de productos reciclados y limpios está muy lejos de la realidad. Habrá que seguir mejorando sus posibilidades. ∎

*Ejemplo:* **1d**

| | | |
|---|---|---|
| **1** La mejor solución . . . | **a** . . . se recicla ahora en España. | ☐ |
| **2** El eslogan consiste . . . | **b** . . . resultan más caros. | ☐ |
| **3** Reciclar . . . | **c** . . . reducir, reciclar y reutilizar. | ☐ |
| **4** 25% de la basura en España se reciclará . . . | **d** . . . es reciclar. | ☐ |
| **5** Sólo 3% de la basura . . . | **e** . . . eficaz. | ☐ |
| **6** Hay que hacer un esfuerzo . . . | **f** . . . es una lucha para las ciudades modernas. | ☐ |
| **7** A menudo los productos reciclados . . . | **g** . . . en las tres erres. | ☐ |
| **8** Las tres erres son . . . | **h** . . . para mejorar las posibilidades de un mundo verde. | ☐ |
| **9** El reciclado debe ser . . . | **i** . . . dentro de 20 años. | ☐ |

**[8 puntos: 🎯 5/8]**

## 2 Escribe

Escribe una carta oficial a un periódico expresando tu opinión sobre los problemas ecológicos del lugar dónde vives. Haz lo siguiente:

■ presenta tu ciudad/pueblo y región
■ explica los diferentes problemas que tienen
■ propone algunas soluciones
■ termina la carta de manera oficial.

## En la radio

### 1 Escucha y contesta

¿Qué tiempo hace hoy y mañana? Escucha el pronóstico del tiempo y pon la letra correcta en la casilla.

a

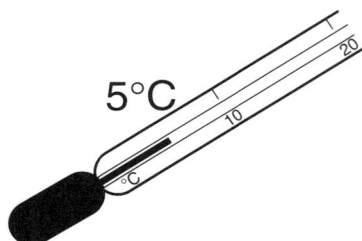

5°C

b

c

d

e

Hoy

**1** 0600–1200 ☐

**2** 1200–1800 ☐

**3** 1800–2400 ☐

**4** Mañana ☐

[4 puntos: 🎯 3/4]

### 2 Escucha y contesta

Escucha lo que dice la radio sobre Julio Bernardo López y rellena los huecos.

**A** Julio Bernardo López no se le ha visto desde **1** ................................. .

Tiene **2** ................................. años y lleva **3** ................................. azules

y chaqueta **4** ................................. . Tiene el **5** ................................. negro

y es **6** ................................. alto. Si le ven se ruega llamen a la

**7** ................................. .

[7 puntos: 🎯 6/7]

### 3 Escucha y contesta

Escucha la noticia y di si las declaraciones son verdaderas o falsas. Pon ✓ o ✗ en cada casilla.

1  Hubo una bomba en el estadio. ☐

2  El incidente ocurrió ayer. ☐

3  Hubo cuarenta muertos. ☐

4  Hubo doce heridos. ☐

5  Los bomberos llegaron en seguida. ☐

6  Los bomberos controlaron el incendio rápidamente. ☐

7  Un niño causó la tragedia. ☐

[7 puntos:  4/7]

### 4 Escribe

Vas a un partido de fútbol y hay un incendio en el estadio. Describe lo que pasó. Menciona:

■ la causa del incendio
■ lo que hicieron los espectadores
■ lo que hicieron los bomberos
■ lo que hiciste tú.

## La lucha contra el crimen

### 1 Lee y contesta

Ves este anuncio en la calle. Léelo y contesta a las preguntas.

---

# RECOMPENSA
## de 1.000.000 pesetas ofrecida por el alcalde Julio Suárez.

¿Vd ha visto a Jaime Gómez, asesino del
anciano, Gerardo Ruíz?
Se ruega dé cualquier información
a la policía.
Descripción del asesino: de talla
mediana, veinticinco años más o menos,
pelo rapado, aro en oreja derecha.

---

1 ¿Por qué busca la policía a Jaime Gómez? Escribe la letra correcta en la casilla.
   **a** mató a un hombre
   **b** robó algo
   **c** estaba borracho
   **d** se escapó de la cárcel

2 ¿Cuál es el oficio de Julio Suárez?

   .....................................................................................................

3 ¿Qué hace Julio Suárez para facilitar la captura del criminal?

   .....................................................................................................

4 ¿Cuántos años tiene Gerardo Ruíz? Escribe la letra correcta en la casilla.
   **a** unos 25 años
   **b** unos 30 años
   **c** unos 35 años
   **d** unos 70 años

5 ¿Cuál de los retratos es el del asesino? Escribe la letra correcta en la casilla.
   **a**            **b**            **c**            **d**

[5 puntos: 🎯 4/5]

---

## 2  Habla: diálogo

You have witnessed a crime. You saw an armed man walk into a bank, demand money and then escape in a car. A police officer is interviewing you about what you have seen.

**1**

**2**  ¿? (Imagina . . .)

**3**

**4**  Contesta a la pregunta.
**5**  ¿? (Imagina . . .)

## Las noticias internacionales

### Escucha, lee y contesta

Vas a oír un resumen informativo de las noticias internacionales en la radio. Lee las frases abajo. ¿Son éstas las noticias que figuran en el programa? Escribe sí o no.

| | |
|---|---|
| *Ejemplo:* *Un político británico visita España.* | *sí* |
| **1** Terroristas han secuestrado un avión en América del Sur. | |
| **2** Fútbol: Alemania ha derrotado la selección inglesa otra vez. | |
| **3** Un cumpleaños especial en Australia. | |
| **4** Asesinato de un político en Bolivia. | |
| **5** Colisión entre dos trenes en el Perú. | |
| **6** La madre de la reina holandesa muere a la edad de setenta años. | |
| **7** Mal tiempo ha matado a mucha gente en América del Sur. | |
| **8** Gran robo en los Estados Unidos. | |

[8 puntos: 5/8]

## Una entrevista política

### Lee y contesta

El periodista Juan López de *La Vanguardia* le hace preguntas al político, Señor Álvaro. Lee la entrevista y mira la tabla. Para cada frase, decide si es verdadera o falsa.

| | |
|---|---|
| **Juan López** | Señor Alvaro, ¿cree Vd que las relaciones entre nosotros y los Estados Unidos sean normales? |
| **Señor Álvaro** | Sí, absolutamente normales. |
| **Juan López** | Pero ¡no puede ser! ¡Esto es increíble! Los americanos se niegan a hablar con nosotros. |
| **Señor Álvaro** | Exactamente. Los americanos no hablan con nosotros y nosotros no hablamos con los americanos. Es el caso desde hace casi dos años. Las relaciones son normales. |
| **Juan López** | ¿Cómo podemos mejorar las cosas? |
| **Señor Álvaro** | La única cosa que les interesa a los americanos es el dinero. Quieren ahorrar dinero y quieren que el gobierno español gaste dinero. El caso es que los americanos tienen más dinero que nosotros, así que si quieren instalar una base militar en España, pues muy bien, pero ellos tienen que pagarla. |
| **Juan López** | ¿No deberíamos compartir los gastos con los americanos? |
| **Señor Álvaro** | Con cuatro millones de españoles en paro, este país no puede compartir nada con nadie. |
| **Juan López** | ¿Cree Vd que el gobierno actual sea corrupto? |
| **Señor Álvaro** | El escándalo reciente fue una gran sorpresa para todos. Pero los culpables están en la cárcel. Creo que ahora tenemos un gobierno honesto. |
| **Juan López** | Señor Álvaro, muchas gracias. |

| | | Verdadero | Falso |
|---|---|---|---|
| *Ejemplo:* | *Hay poca amistad entre los gobiernos de España y de los Estados Unidos.* | ✓ | |
| **1** | El periodista se sorprende al oír las primeras palabras del político. | | |
| **2** | El político cree que los americanos son más pobres que los españoles. | | |
| **3** | Los americanos quieren establecer una empresa en España. | | |
| **4** | Los americanos quieren establecer a sus militares en España. | | |
| **5** | El periodista sugiere que los españoles deben pagar algo. | | |
| **6** | Hay poco desempleo en España. | | |
| **7** | El gobierno español ha sufrido un escándalo reciente. | | |
| **8** | Unos ex-miembros del gobierno están en la prisión. | | |
| **9** | El político cree que los americanos son materialistas. | | |

[9 puntos: 5/9]

## Una boda internacional

### 1 Lee y contesta

Lee este artículo y contesta a las preguntas.

## Boda del año en Roma ayer

Hace cinco años, Teresa Díaz se fue de vacaciones a Roma con su familia. Tenía diecisiete años y en una discoteca conoció a su futuro marido. No sabía que el chico guapo con quien bailaba era el golfista más famoso del mundo, Xavier Ruíz. Cuando Teresa volvió a España ni siquiera escribió a Xavier. Se fue a Madrid a estudiar medicina sin darse cuenta de que Xavier quería cartearse con ella pero había perdido su dirección. Un día una criada suya lavaba un vaquero viejo y notó un papelito en un bolsillo. ¡Era la dirección de Teresa! Xavier escribió en seguida, Teresa contestó y decidieron encontrarse en París. Esto fue dos años después de su encuentro en Roma.

**1** ¿En qué ciudad tuvo lugar la boda?

.............................................................................................

**2** ¿Cuántos años tiene Teresa ahora?

.............................................................................................

**3** ¿Por qué es célebre Xavier? Escribe la letra correcta en la casilla.

   **a** Es deportista.

   **b** Es médico.

   **c** Es propietario de una discoteca.

   **d** Es cartero.

**4** ¿Por qué no escribió Xavier a Teresa?

.............................................................................................

**5** ¿Dónde había puesto la dirección?

.............................................................................................

**6** ¿Quién encontró la dirección?

.............................................................................................

**7** ¿En qué país se citaron?

.............................................................................................

**8** Entre sus encuentros en Roma y en París ¿cuántas veces se vieron?

.............................................................................................

[8 puntos: 5/8]

### 2 Escribe

Escribe una carta a tu amiga española describiendo una boda reciente. Tú eras un/a invitado/a. Menciona:

- dónde tuvo lugar
- cuántos invitados había
- algunos de los regalos
- lo que comistéis y bebistéis
- lo que llevaba la novia
- un incidente divertido o inesperado.

# ¿Qué sabes del general Franco?

## 1 Lee y contesta

Read the following text and answer the questions below in English.

España recuerda este año los hechos que desencadenaron en tres años de Guerra Civil y cuarenta años de dictadura militar del general Francisco Franco. El 18 de julio de 1936 un grupo de oficiales se subleva y se pronuncia contra el régimen democrático de la Segunda República. La situación social en España era muy conflictiva.

En pocos días, el país quedó dividido, militar, geográfica y políticamente. El lado nacional se enfrenta al republicano. Es la primera guerra moderna, con bombardeos aéreos y la radio como instrumento de propaganda. Fue una guerra sangrienta, de venganzas y ajustes de cuentas. Un millón de personas murieron en este período de tiempo.

El país quedó en la ruina y empezó una dictadura que duró cuarenta años, hasta la muerte en la cama del general Francisco Franco. Eli (20 años) y Alberto (18 años) son estudiantes del Instituto Bonaventura Gassol, de Santa Coloma de Gramenet, junto a Barcelona. El programa escolar español dedica, para los alumnos de 16/17 años, 4 horas a la Guerra Civil y poco más de 30 horas al franquismo.

1 On which date did Franco and his troops overturn the Second Republic?

.......................................................................................................

2 Name the media which played a vital role during that war.

.......................................................................................................

3 How many people died?

.......................................................................................................

4 How long did Franco's dictatorship last?

.......................................................................................................

5 Where did Franco die?

.......................................................................................................

6 How many hours do students in the Instituto Bonaventura Gassol spend studying

a the Spanish Civil War? .......................................................................

b 'Francoism'? ...................................................................................... [2]

[7 puntos: 4/7]

## 2 Escucha y contesta

Now listen to the cassette and answer the questions below in English.

1 Why did Eli not know much about the Civil War?

......................................................................................................

2 What does Eli think about the way the Civil War period is taught? State her three opinions:

**a**..................................................................................................

**b**..................................................................................................

**c**..................................................................................................

3 How does she describe the influence Franco had on Spain?

......................................................................................................

4 Which three areas does she say Franco influenced?

**a**..................................................................................................

**b**..................................................................................................

**c**..................................................................................................

[8 puntos: 5/8]

## 3 Escribe

Imagina tu experiencia personal durante una guerra. Escribe 100 palabras en tu diario secreto. Describe:

- el país donde estás
- la situación y los enemigos
- lo que hay o no de comer
- cuánto tiempo va durar la guerra
- algo personal que encuentras difícil.

# TRANSCRIPTS FOR LISTENING AND SPEAKING TASKS

# TRANSCRIPTS FOR LISTENING AND SPEAKING TASKS

## **A** La vida cotidiana

## Alfonso describe su instituto

**1**    **Escucha y contesta**

Voy a hablar de mi instituto. Se encuentra en las afueras de la ciudad muy cerca de la costa. Así que cuando no quiero ir al instituto – lo que pasa a menudo – puedo ir a la playa. Las clases empiezan a las ocho de la mañana y tengo tres o cuatro. Luego vuelvo a casa a pie y almuerzo con mis hermanos. A veces duermo un poco y a veces veo la televisión. Nunca hago mis deberes. Vuelvo al instituto a las cuatro y tengo una o dos clases más. Luego salgo con mis amigos a tomar un refresco o a dar un paseo en el parque. Vuelvo a casa sobre las ocho para cenar y preparo mis libros para el día siguiente.

Mis asignaturas favoritas son el francés, la biología y las matemáticas pero sobre todo me gusta la biología. El profesor es paciente y explica todo muy claramente. Pero el profesor de inglés es muy aburrido y nunca explica nada. Siempre me critica y dice que soy vago.

Las reglas del colegio son bastante flexibles. El director es tolerante también y podemos hacer lo que queremos – más o menos. Podemos llevar la ropa que nos gusta: no como en Inglaterra donde tenéis que llevar uniforme. El sistema inglés es un asco. Aquí también podemos fumar tabaco en el instituto pero no en las aulas.

## El horario de Rocío

**1**    **Escucha y contesta**

El martes es el día que me gusta más. Llego al instituto a las ocho y media y charlo con mis amigas. Luego voy a mi primera clase que es una clase de historia en el aula treinta y cuatro. Empieza a las nueve y termina a las diez. Luego voy en seguida al aula de al lado, número treinta y tres, para mi clase de inglés. Termina a las once. Luego tenemos un recreo de media hora y vamos a las once y media a la clase de español en el aula veintinueve. A las doce y media vuelvo a casa a almorzar. Vuelvo al instituto a las tres y media y tengo dos clases más. A las tres y media tengo una clase de geografía en el aula trece y a las cuatro y media tengo una clase de química en el laboratorio de química. Todas mis clases duran una hora.

**3**    **Habla: diálogo**

- ¿Cómo vas al instituto?
- ¿Te gustan las clases?
- ¿A qué hora tienes el recreo? ¿Qué haces?
- ¿Tienes alguna clase en los laboratorios?
- Y a la hora de comer ¿qué haces?
- ¿Practicas deportes en el colegio?
- ¿Cómo vuelves a casa?

## Una carta

2    **Habla: diálogo**

- ¿A qué hora te despiertas?
- ¿A qué hora te levantas?
- ¿Qué haces entonces?
- Y ¿tu desayuno? ¿Tomas alguna cosa?
- ¿Cómo te preparas para ir al instituto?
- Y ¿cómo vas al colegio?

## La casa de Silvia

3    **Habla: diálogo**

*Ejemplo:* ■ *Aquí en verano nos levantamos muy tarde.*
- No, eso es muy pronto, comemos tarde a las tres o así.
- Hay una piscina muy bonita cerca. Iremos después si quieres.
- Vale. Podemos jugar con el ordenador ahora si quieres.

## Los quehaceres de la casa

1    **Escucha y contesta**

**Pepe** Me gusta ayudar en casa sobre todo porque mis padres me dan dinero. He dicho a mi madre que haré cualquier cosa salvo cocinar. Así que normalmente paso la aspiradora y lavo el coche. Y tú, José, ¿qué haces en casa?

**José** Para mí cocinar es mi tarea favorita. Hago la cena los fines de semana para mis hermanos. También hago las camas. Lo que no me gusta hacer y lo que nunca hago es lavar el coche. Y tú, Pablo, ¿qué haces en casa?

**Pablo** Como me gusta trabajar al aire libre, me gusta lavar el coche y lo hago cada domingo. También friego los platos cuando mis padres están ocupados. Pero menos mal que mis padres nunca piden que planche la ropa. No me gusta en absoluto. Y tú, Sebastián, ¿qué haces en casa?

**Sebastián** Si quiero salir los fines de semana, tengo que lavar la ropa de la familia. Lo hago los sábados. También ayudo en el jardín. Lo que nunca hago es hacer las camas. Y tú, Conchita, ¿qué haces en casa?

**Conchita** Odio las faenas de casa pero siempre preparo las comidas para mis hermanos. También lavo la ropa, pero el ruido de la aspiradora me molesta y así no la paso nunca.

## Limpiar ¡qué horror!

1    **Escucha y contesta**

**Susana** Mario, ¿tienes que ayudar a tus padres con las tareas domésticas?

**Mario** Ya lo creo, Susana. ¡Ya no puedo más! Siempre tengo muchísimo que hacer aparte de mis deberes escolares. ¡Fíjate! Mi madre cada lunes me prepara una lista de cosas que hacer a lo largo de la semana, y tengo que cumplirlas antes del domingo.

**Susana** ¿Y qué es lo que te pide?

**Mario** Pues, tengo que barrer y lavar el suelo, planchar mi ropa, fregar los platos cada noche y vaciar el cubo de la basura.

| | |
|---|---|
| **Susana** | ¡Ay, pobrecito! ¡Qué horror! |
| **Mario** | ¡Calla, calla! Aún hay más. También diariamente, tengo que arreglar mi cuarto y hacer la cama. Tengo que ir de compras con mi madre una vez a la semana para ayudarla con todas las bolsas. |
| **Susana** | ¿Y el domingo? |
| **Mario** | No, el domingo, nada. El domingo salgo con mis amigos. Pero tú, Susana, ¿ayudas en casa? |
| **Susana** | Bueno, de vez en cuando, cuando me apetece. |
| **Mario** | ¿Y qué haces entonces? |
| **Susana** | Pues, me gusta limpiar los cristales y fregar los platos, pero odio quitar el polvo y pasar la aspiradora. También tengo que arreglar mi habitación porque siempre está tan desordenada. ¡Ah! y cada día, saco al perro de paseo. |

# El nuevo hombre y las tareas domésticas

2     **Habla: diálogo**

- Buenos días. ¿En qué puedo ayudarle?
- Si, hay varios modelos. Se los voy a enseñar.
- ¿Por qué? ¿No le va bien éste?
- Muy bien. Aquí tiene uno más pequeño. ¿Le gusta este color?
- Vale 50.000 pesetas.
- No hay problema. Vd lo tendrá en casa dentro de cinco días.

# Una receta: el budín de naranja

2     **Habla: diálogo**

- Parece una receta excelente. ¿En qué consiste este budín exactamente?
- ¿Qué necesitas para hacer la salsa?
- ¿Hacen falta muchos utensilios?
- ¿Se necesita mucho tiempo para preparar y cocer el budín?
- Me gustaría probarlo. ¿cuándo me invitas?

# Comida y salud

2     **Habla: diálogo**

- Así que quiere un chequeo general. ¿Qué hace para mantenerse en forma?
- ¿Duerme lo suficiente? A ver, ¿a qué hora se acuesta y se levanta Vd?
- ¿Y la dieta? ¿Qué come?
- ¿Y el fumar y eso?

# ¡Oiga, camarero!

2     **Habla: diálogo**

- ¿Qué restaurante prefieres?
- ¿Te gusta esta mesa?
- A ver, ¿qué quieres para comer y para beber?
- ¿Te parece bien la cuenta?

# ¿Te mareas en el coche?

2    **Habla: diálogo**

- Buenos días. ¿Cómo se llama?
- Y ¿de qué nacionalidad es?
- ¿Qué problema tiene?
- ¿Cuándo se marcha?
- ¿Cuánto tiempo dura el viaje?
- Bueno. Tome dos de estas pastillas el día antes de su salida.
- ¿Entiende lo que tiene que hacer con las pastillas?
- Eso es. No se olvide. Bueno, adiós. Y ¡buen viaje!

# Un accidente

1    **Escucha y contesta**

Son las nueve de la mañana y está escuchando las actualidades de Radio Burgos. Ayer en el centro de la ciudad hubo un accidente grave. Un camión atropelló a un peatón en un paso de peatones. Una ambulancia llegó unos minutos más tarde. Afortunadamente un médico fue testigo del accidente y cuidó del herido mientras la ambulancia llegaba. Según el médico, el accidentado tuvo las dos piernas rotas. Fue trasladado al Hospital Santa María y esta mañana el hospital ha declarado que está en estado estable. El camionero, Pablo Herráiz de Barcelona, dijo que sus frenos fallaron.

2    **Habla: diálogo**

- ¿Cómo ocurrió el accidente?
- ¿Paró a tiempo el coche?
- ¿Se hizo daño el chiquillo?
- ¿Llamaron a una ambulancia?
- ¿Cuándo llegó la ambulancia?
- ¿Qué pasó al final?

# Tu salud

2    **Habla: diálogo**

- Buenos días. ¿En qué puedo ayudarle?
- ¿Qué ha comido?
- No es muy grave. Tiene que tomar estas pastillas y quedarse en cama durante unos días.
- De nada.

# Una visita al dentista

1    **Escucha y contesta**

**Recepcionista**    Bueno, el dentista le verá dentro de poco. Va a hacerle unas preguntas. Va a preguntarle si es inglés, español o qué. Luego va a preguntarle si tiene un seguro. Luego querrá saber desde hace cuánto tiempo le duele la muela. Y finalmente preguntará si está tomando algún medicamento.

# B La familia, los amigos y el ocio

## Ignacio se presenta

1  Escucha y contesta

¡Hola! Me llamo Ignacio y vivo en el noreste de España. Dentro de dos semanas cumpliré los 17 años.

Mi hermano se llama Enrique y es mayor que yo. Tiene veinte años. También tengo una hermana menor, Carolina, que tiene cinco años.

No vivimos en un piso sino en una casa y lo bueno es que todos tenemos nuestra propia habitación.

Mi padre viaja mucho. Es representante para una empresa de ordenadores. Generalmente viaja al extranjero. Acaba de volver de Escocia hace media hora y mañana se va a Grecia.

Te voy a dar mi nuevo número de teléfono. Es el dos, treinta y cinco, cuarenta y tres, sesenta y ocho.

Espero que haga mejor tiempo en Inglaterra que aquí. Hoy hemos tenido truenos y relámpagos todo el día.

Escríbeme pronto con detalles de tu familia y de tus pasatiempos. Yo tengo muchos pasatiempos pero me gusta más reparar coches. Mi padre me ayuda cuando está en casa.

Pero esto no es lo que quiero hacer cuando sea mayor. Me encanta oír las noticias en la tele y también leer los periódicos. Un día quiero ser periodista.

## Descripciones

1  Escucha y contesta

*Ejemplo:* **Jaime**   *¡Hola! Soy Jaime. Soy tu corresponsal español. Voy a describirme. Soy alto y delgado y tengo el pelo largo y negro. No llevo gafas pero siempre llevo un aro en la oreja izquierda.*

**Pepe**   ¡Hola! Me llamo Pepe. Soy tu corresponsal español. Voy a describirme. Soy bastante alto y un poco gordo. Tengo el pelo corto y rubio, y llevo gafas. Siempre llevo una cadena de oro.

**José**   ¡Hola! Soy José. Soy tu corresponsal español. Voy a describirme. Soy bastante bajo y lo siento pero soy gordo también. Tengo el pelo largo y rubio y siempre llevo gafas y un aro en la oreja derecha.

**Jorge**   ¡Hola! Me llamo Jorge. Soy tu corresponsal español. Voy a describirme. Soy alto y delgado y tengo el pelo largo y rubio. Llevo gafas y siempre llevo una cadena de plata.

**Luis**   ¡Hola! Soy Luis. Soy tu corresponsal español. Voy a describirme. Soy bajo y bastante gordo. Tengo el pelo corto y negro. Siempre llevo gafas y un aro en la oreja derecha.

## Los fines de semana

2    **Habla: diálogo**

- ■ Pero es muy pronto todavía.
- ■ Así es la música moderna.
- ■ A mis padres no les importa. Les gusta la música.
- ■ Bueno, bueno, vamos a bajar el sonido. ¡No hay para tanto!

## Contestador automático

1    **Escucha y contesta**

| | | |
|---|---|---|
| 1 | **Paulo** | ¡Hola, María! Soy Paulo. Quisiera verte, pero hoy ya tengo compromiso. Llámame cuando vuelvas y hablaremos. |
| 2 | **Tía Isabel** | ¡Hola, María! Soy la tía Isabel. He conseguido los botones para el vestido verde. Costaron seiscientas pesetas. ¿Vale? |
| 3 | **Juanita** | María, soy Juanita. ¿Te apetece ver una tragedia de Lorca mañana? Tengo dos butacas para la sesión de las ocho. |
| 4 | **Enrique** | María, soy Enrique. Te veo el miércoles a las seis en punto enfrente de la discoteca Barbarela. No vengas tarde – tenemos que estar en el cine a las seis y media. |

## ¿Qué vamos a hacer el domingo?

1    **Escucha y contesta**

| | |
|---|---|
| **Angelita** | Mira, Reyes, nuestro invitado inglés se va el lunes. Tenemos que hacer algo especial el domingo. ¿Por qué no vamos al cine? |
| **Reyes** | Pero Angelita, no sé si comprenderá una película española. Tengo otra idea. ¿Por qué no vamos al concierto de pop esta noche en Barcelona? |
| **Angelita** | Buena idea pero es imposible porque ya no quedan entradas. |
| **Reyes** | ¡Vaya! Entonces hay un partido de fútbol en Barcelona. ¿Le gustaría? Y después podríamos ir a un restaurante chino. |
| **Angelita** | Ya sabes que no le gusta el fútbol. Pero lo del restaurante es buena idea porque le gusta la cocina china. |
| **Reyes** | ¡Oye! ¿Por qué no vamos al zoo primero? A nuestro amigo inglés le encantan los animales. |
| **Angelita** | ¡Estupendo! Iremos al zoo por la tarde, luego iremos a un restaurante chino para hacerle la despedida. |

## ¿Adónde vamos?

**1** 📻 **Escucha y contesta**

| | |
|---|---|
| **Teresa** | Oye, Paula, ¿te apetece salir con Nacho y Tomás hoy? |
| **Paula** | ¡Eso sí que no! La última vez que salimos con ellos se portaron muy mal. Además, son tontos, ¿no te parece? |
| **Teresa** | Bueno, a veces es verdad que se pasan de la raya. Pero a menudo son divertidos y no lo pasamos tan mal. |
| **Paula** | ¿No te gustaría ir al cine hoy? En la sesión de la tarde, echan una película buenísima con Keanu Reeves. Estoy chiflada por él. |
| **Teresa** | No es mala idea, pero me gustaría más ir a bailar a esa nueva discoteca cerca de la playa. |
| **Paula** | ¡Uf! Con tanto calor, no me apetece meterme en una discoteca toda la tarde, pero podríamos pasar un ratito allí, si de verdad te apetece. |
| **Teresa** | Entonces, ¿Llamamos a los chicos? |
| **Paula** | ¿Pero qué pelmaza eres, Tere! ¿Por qué no podemos salir tú y yo solas? |
| **Teresa** | Mira, un compromiso. Vamos las dos a ver esa película que a ti te hace tanta ilusión y después iremos a bailar con los chicos, ¿vale? |
| **Paula** | Bueno, supongo. Pero si vuelven a hacer los tontos, te juro que os dejo plantados a ti y a ellos y me voy a otra parte. |

**2** ✏️ **Habla: diálogo**

- ¿Qué te apetece hacer hoy?
- Las películas que ponen son muy aburridas y la discoteca no abre hasta las once.
- Sí, eso me gustaría mucho. Después de cenar podríamos ir a la discoteca si te parece bien.
- ¡Qué pronto tienes que volver! Bueno, iremos a bailar un ratito solamente, hasta las once y media.

## En una agencia de viajes

**1** 📻 **Escucha y contesta**

| | |
|---|---|
| **Cliente** | Este viaje que tiene organizado para jóvenes, ¿En qué consiste, exactamente? |
| **Agente** | Bueno. Hay dos salidas en autocar. El martes los jóvenes pasan todo el día en Toledo y vuelven a las ocho de la tarde. Y al día siguiente por la mañana hay otra excursión a un castillo famoso. |
| **Cliente** | ¿Hay otras diversiones? |
| **Agente** | Sí, muchas. El lunes por la mañana hay un concurso de baloncesto y el jueves por la tarde las canchas de tenis están a su disposición. |
| **Cliente** | Y ¿hay discotecas? |
| **Agente** | Sí. Hay discotecas organizadas para las dos últimas tardes de la estancia. |
| **Cliente** | ¿Es todo? |
| **Agente** | Un cantante famoso canta el viernes por la tarde. También hay un grupo célebre. |

**2**  🗘 **Habla: diálogo**

- Buenos días. ¿En qué puedo servirle?
- ¿De cuánto tiempo dispone para las vacaciones?
- Y ¿qué actividades le interesan?
- ¿Es de nacionalidad española?
- Déme su nombre, apellido, dirección y número de teléfono, por favor.
- Bien. Tome estos folletos por favor y no deje de pasar por aquí de nuevo si quiere más información.

# El verano, una buena época para la lectura

**2**  🗘 **Habla: diálogo**

- ¿Qué te gusta leer en tu tiempo libre?
- ¿Leer noticias, no es un poco aburrido?
- ¿Hay algo más que te gusta leer?
- ¿Compras cómics a veces?
- A mí, me encanta el Asterix. ¿Encuentras que lees más durante el trimestre o durante las vacaciones?

# De veraneo

**1**  📼 **Escucha y contesta**

| 1 | José | Me llamo José. Durante las últimas vacaciones fui a Barcelona. Es una ciudad impresionante con sus ramblas, su estadio olímpico y la magnífica catedral de Gaudí que aún queda sin terminar. |
|---|---|---|
| 2 | Juana | Soy Juana. En julio fui a la costa con mis padres. Nos quedamos un mes en Alicante y lo pasé de maravilla en la playa. |
| 3 | Agustín | Me llamo Agustín y vivo en Madrid. Fui con mi hermana a Valencia en agosto. Estuvimos en casa de mi tía, que sabe hacer una paella excelente. |
| 4 | Julia | Me llamo Julia y dentro de dos semanas voy a ir a Ibiza. Es una isla muy popular del mediterráneo. Me encanta el ambiente allí en setiembre porque hay menos turistas. |
| 5 | Johny | Me llamo Johny y soy norteamericano. Acabo de visitar la capital española. Está en el centro del país y en verano hace un calor horroroso allí. |
| 6 | Isabel | Yo soy Isabel. Soy de Santander pero en junio fui a Sevilla. Me gustó visitar todos los monumentos célebres y sobre todo asistir a espectáculos flamencos. |

**2**  🗘 **Habla: diálogo**

- Buenos días. ¿En qué puedo ayudarles?
- Bueno. ¿Qué tipo de hotel buscan Vds?
- Hay dos posibilidades entonces. El Hotel Vistamar está muy cerca de la playa, pero es un poco ruidoso. El Palacio está en el centro pero es muy tranquilo. ¿Cuál prefieren Vds?
- Bueno, voy a llamar para hacer la reserva en seguida. ¿Cuántos días piensan quedarse en total?

# En los multicines

3    **Habla: diálogo**

- ¿Cómo se llama la película que fuiste a ver?
- ¿Te gustó?
- ¿De qué trataba?
- ¿Te gustaría volver a verla conmigo?

# La entrevista

1    **Escucha y contesta**

**Juan**   Naciste en Lisboa, ¿verdad?

**Iván**   ¡Qué va! Nací en Nueva York. Pero no vivo allí. Vivo en Francia. Tengo un piso en París y otro cerca de Barcelona. Me gusta pasar mis ratos libres allí pero son muy pocos los que tengo y llevo dos meses sin ir. Vivo con mi esposa y mi hija, Esmeralda, en París.

**Juan**   Entonces, ¿Tienes que viajar mucho?

**Iván**   Sí. Acabo de pasar un mes en Madrid. Estuve rodando una película del oeste. Se llama 'Venganza'. Me gustó mucho. Tuvimos muy poco tiempo libre durante el rodaje, aun así, me dió tiempo para visitar las tiendas de moda. Gasto una fortuna en ropa. Aun cuando estoy en casa me encanta llevar ropa cara.

**Juan**   Y ¿qué otras cosas haces en tu tiempo libre?

**Iván**   Pues en casa tengo un montón de postales, un sinfín de sellos e incluso una colección de mariposas raras. Lo malo es que nunca tengo tiempo para disfrutar de mis aficiones.

**Juan**   Y ¿Tus planes para el futuro?

**Iván**   El lunes que viene empiezo a rodar otra película. Se llama 'Una vez más' y se trata de unas mujeres que mueren pero vuelven al mundo para aterrorizar a todos. Da miedo.

**Juan**   Te aseguro que ya tengo los pelos de punta. Bueno, Iván, muchas gracias por la entrevista.

**Iván**   De nada. Ha sido un placer.

# Una novela

1    **Escucha y contesta**

**Luis**   Tengo cuatro novelas aquí. ¿Te interesa alguna? Ésta se llama *Por la mañana*. Se trata de un joven que se enamora de la chica que vive en el piso de al lado. Por fin se casan.

**Lola**   ¿Cuántas páginas hay?

**Luis**   Unas seiscientas.

**Lola**   Ay no. Es demasiado larga.

**Luis**   Esta otra se llama *El tren*. Se trata de una familia que intenta cruzar los Estados Unidos y los indios los atacan.

**Lola**   Sí, ya lo sé. Es una novela muy buena pero la he leído ya.

**Luis**   Ésta se llama *New Orleans*. Se trata de fantasmas y de muertos que vuelven a la vida. Está escrita en inglés.

**Lola**   No soy capaz de leer una novela en inglés. No entendería ni la mitad.

**Luis**   Esta última se llama *Algo Nuevo*. Se trata del descubrimiento de planetas nuevos y un viaje en el espacio. Tiene sólo ochenta páginas.

**Lola**   Bueno. Me quedo con esa porque quiero leer algo bastante corto.

## C Nuestro entorno

### Decisiones

3    **Habla: diálogo**

- ¿Rompiste un florero, dices? ¿Cómo fue?
- E ¿intentaste repararlo?
- Y ¿qué hiciste entonces?
- ¿Qué pasó al final?
- ¿Qué hiciste con el florero nuevo?

### Compromisos

3    **Habla: diálogo**

- ¡Qué bien! ¡Hola! ¿Qué me cuentas?
- ¿Tienes exámenes en esas fechas? Pero si es precisamente cuando yo pensaba visitarte.
- ¡Qué pena! Lo siento mucho, pero no es culpa tuya.
- ¡Sí! ¡Eso sería maravilloso! ¿Qué haremos en Inglaterra?

### Mi ciudad

1    **Escucha y contesta**

| | | |
|---|---|---|
| Ejemplo: | Jaime | *Hola, me llamo Jaime. Soy de Madrid, la capital de España. Tengo 17 años y mi cumpleaños es el 14 de enero. Me gusta mi ciudad porque ofrece muchísimas facilidades. En verano, hace buen tiempo, pero en invierno hace mucho frío y prefiero quedarme en casa para leer. Mi pasatiempo favorito es la lectura.* |
| | Eloísa | Yo soy Eloísa. Nací el 22 de mayo y tengo 14 años. Vivo en Alicante, cerca del mar que es muy bonito. Lo malo de Alicante es que hay demasiados turistas en verano. Me encanta el tenis. |
| | Pedro | ¿Qué tal, amigo? Me llamo Pedro. Tengo 15 años y mi cumpleaños es el 30 de septiembre. Vivo en Valencia. Me gusta mi ciudad porque hay mucho ambiente para los jóvenes. Lo peor de Valencia es el mar, que es muy sucio. Cuando tengo un rato libre, siempre voy al cine porque me gustan las películas americanas. |
| | Rosa | Yo me llamo Rosa y nací el 12 de julio. Tengo 13 años y vivo en Santander. Es una ciudad con preciosas casas antiguas. Lo malo es que llueve a menudo. Mi afición es coleccionar sellos. |

### ¿Para ir a . . . ?

1    **Escucha y contesta**

Ejemplo:    1    *¿Para ir a la oficina de turismo? Primero ve al supermercado Ideal. Luego ve a la izquierda. Toma la segunda calle a la derecha y la oficina de turismo está a la derecha después de la estación.*

**2** ¿Para ir al ayuntamiento? Primero ve al supermercado Ideal. Luego ve a la derecha. Toma la primera calle a la izquierda y antes de llegar a la iglesia de San Carlos, el ayuntamiento está a la derecha.

**3** ¿Para ir a la oficina de viajes? Primero ve al supermercado Ideal. Luego ve a la derecha y toma la segunda calle a la izquierda. Verás la piscina a la derecha. La oficina de viajes está enfrente.

**4** ¿Para ir a la carnicería? Primero ve al supermercado Ideal. Luego ve a la izquierda. Toma la primera calle a la derecha y la carnicería está a la izquierda justo después del hotel Sol.

**5** ¿Para ir a la comisaría? Primero ve al supermercado Ideal. Luego ve a la izquierda. Toma la primera calle a la derecha y la comisaría está a la derecha antes del hotel Sol.

**6** ¿Para ir a la panadería? Primero ve al supermercado Ideal. Luego ve a la izquierda. Toma la segunda calle a la derecha y la panadería está al final de la calle.

**7** ¿Para ir a la farmacia? Primero ve al supermercado Ideal. Luego ve a la derecha. Toma la primera calle a la izquierda y la farmacia se encuentra a la izquierda justo después de la iglesia de San Carlos.

**8** ¿Para ir al cine? Primero ve al supermercado Ideal. Luego ve a la derecha y toma la segunda calle a la izquierda. El cine se encuentra al final de esa calle a la derecha.

# Haciendo turismo

**1** 🔊 **Escucha y contesta**

**Oficial de turismo** Pues, el Palacio Real es un monumento magnífico que merece la pena visitar. Está a quince minutos de aquí andando. Al salir de aquí, gire a la izquierda, cruce la primera calle, y en la esquina verá el restaurante Milagro. Siga todo recto hasta la plaza central que tiene que cruzar. Baje la gran avenida y a mano izquierda verá una plaza con la estátua de un caballo. El palacio está en la misma plaza enfrente del caballo. En la acera opuesta está un museo con obras de arte del siglo XVIII.

Después, puede cruzar la avenida de la Gloria, seguir todo recto y bajar hacia la playa. Al cruce de las dos avenidas está la estación – dentro hay azulejos muy bonitos. Para ver la catedral, hay que girar en la avenida San José a la izquierda y seguir hasta la calle de Valencia, y allí está en la esquina. Después, siga todo recto, cruce la calle Riberas y suba por una pequeña calle donde a mano izquierda verá el teatro romano. Siga por esta misma calle, cruzando el puente viejo y luego la calle Ramírez. A la derecha, entre el río y la calle estrecha, encontrará el estadio moderno, que acaba de construirse este invierno. Al lado mismo está la piscina municipal. Con este recorrido, ya habrá visto lo que tiene nuestra ciudad de más interés.

**2** 🔊 **Escucha y contesta**

**Contestador** La oficina de turismo está cerrada ahora, hasta mañana a las nueve de la mañana. Si Vd quiere, puede llamar a los siguientes números para más información. Para la pista de hielo, contacte el 88 40 23. Para la catedral, se puede contactar el 87 37 72. Abre de las nueve y media hasta las siete y media. El Palacio Real abre de las once hasta las cinco de la tarde, llamar al 87 99 92. Para el museo, contacte el 87 93 72. Para la piscina municipal, se tiene que marcar el 88 40 41 y el número del estadio es el 88 41 40.

**3** ✏️ **Habla: diálogo**

■ ¿Te gustó Santander?
■ ¿Qué tiempo hizo?

- ¿Visitaste muchos monumentos?
- ¿Y por la noche qué hiciste?
- ¿Te gustaría volver algún día?

# Grandes almacenes

## 2 Habla: diálogo

- Buenos días. ¿Le interesa algo?
- Este perfume es muy bueno y se vende en frascos pequeños o grandes. ¿Le gustaría probarlo?
- El frasco grande vale 10.000 pesetas – este perfume es francés y un poco caro . . . El pequeño, bueno, vale 2.500 pesetas.
- Bueno, el pequeño, ningún problema. Y ¿quería Vd algo más?
- Sí, está en el sótano, a mano derecha.

# En una boutique de modas

## 1 Escucha y contesta

| | |
|---|---|
| Concha | Maribel, ¿qué te parece este vestido amarillo con lunares negros y volantes? ¿Te gusta? |
| Maribel | Sí, pero cuesta muchísimo, ¿no? |
| Concha | Es que quiero algo un poco formal para la boda de mi hermano. |
| Maribel | Bueno, pero a ti, ese color no te va. A ver si tienen algo en rosa, quizás. Mira, este conjunto con chaqueta y falda corta. Es bonito y muy joven también. |
| Concha | Ay . . . no sé. El color rosa no me gusta mucho, ¿sabes? Quizás un vestido negro. Siempre es elegante y clásico. |
| Maribel | Sí, pero no para una boda. Más vale escoger algo en un color clarito. Te quedará muy bien con lo morena que eres. |
| Concha | Sí, tienes razón. ¿Qué te parece, por ejemplo, este vestido azul claro? De largo está bien, justo arriba de las rodillas . . . |
| Maribel | Sí y además tiene un escote precioso. ¿Por qué no te lo pruebas? Es una monada. |

## 2 Habla: diálogo

- Buenos días. ¿Te puedo ayudar?
- ¿En qué talla, por favor?
- ¿Te va bien ese modelo?
- Tengo otro modelo. Mira éste. ¿Te va mejor?
- Bueno, vale 15.000 pesetas. ¿Cómo quieres pagar?
- Sí, muy bien.

# Haciendo la compra

## 1 Escucha y contesta

| | |
|---|---|
| Madre | Elena, vas de compras hoy ¿no? |
| Elena | Sí, mamá. |
| Madre | Pues no te olvides de comprar naranjas. |
| Elena | Pero sí ya tenemos naranjas. Lo que nos falta es uva. |
| Madre | Sí, tienes razón. Compra un kilo de uva entonces. ¿Nos quedan huevos? |

| | |
|---|---|
| **Elena** | A ver. Sí, ya tenemos huevos. Pero voy a comprar queso. Mi hermano se comió todo el queso anoche. |
| **Madre** | ¿No comió todo el pan también? |
| **Elena** | No. Aún queda pan. ¿Qué vamos a almorzar hoy? |
| **Madre** | Compra un pollo. Y una botella de vino para tu padre. |
| **Elena** | ¿Un pollo? Vale. Pero quedan dos botellas de vino. Y esta noche podemos comer pescado, ¿no? |
| **Madre** | Sí, compra pescado. No necesitamos agua mineral. Compré dos botellas ayer. |

**2**　　 **Habla: diálogo**

- Buenos días. ¿En qué puedo servirle?
- Muy bien. ¿Algo más?
- ¿Algo más?
- ¿Es todo?
- Son doscientas cincuenta pesetas, por favor.
- Muchas gracias. Adiós.

# Objetos perdidos

**3**　　 **Escucha y contesta**

| | |
|---|---|
| **Alejandro** | Buenos días. Hace poco que perdí la cartera. ¿Es ésta la oficina de objetos perdidos? |
| **Empleado** | Sí, señor. Voy a rellenar una ficha de reclamación. Primero, su nombre y apellido. |
| **Alejandro** | Me llamo Alejandro Lucas Guerra. |
| **Empleado** | A-l-e-j-a-n-d-r-o L-u-c-a-s G-u-e-rr-a. Y ¿su dirección? |
| **Alejandro** | Calle Iglesia 43, segundo A. |
| **Empleado** | Y ¿su número de teléfono? |
| **Alejandro** | 226-75-45. |
| **Empleado** | Y ¿perdió la cartera? |
| **Alejandro** | Sí. Es de cuero negro. |
| **Empleado** | Y ¿qué había dentro? |
| **Alejandro** | Había mis tarjetas de crédito y dos billetes de cinco mil pesetas. |
| **Empleado** | La perdió esta mañana, dice. Será el 12 de junio. Y ¿a qué hora? |
| **Alejandro** | Pues . . . a las diez y veinte. |
| **Empleado** | Y ¿dónde? |
| **Alejandro** | En el café Sol de la calle Vega. |

# Un robo

**2**　　 **Habla: diálogo**

- ¿Dónde estaba Vd durante el incidente?
- ¿Qué pasó exactamente?
- ¿Podría darme una descripción del atracador?
- ¿Cómo es que sabe describirle con tanto detalle?

# En la estación de servicio

**1** 📟 **Escucha y contesta**

| | |
|---|---|
| **Mecánico** | Buenos días. ¿En qué puedo servirle? |
| **Juan** | Este coche ha empezado a hacer un ruido muy raro. ¿Podría Vd mirarlo, a ver qué es lo que pasa, por favor? |
| **Mecánico** | Sí, claro, pero tendrá que volver dentro de una hora y media. De momento estoy cambiando los neumáticos de estos dos coches y los clientes tienen mucha prisa. |
| **Sofía** | Entonces, vamos a ir a la cafetería de enfrente y volveremos más tarde. |
| **Juan** | Al mismo tiempo ¿puede Vd mirar el aceite y el agua y limpiar el parabrisas? |

*Una hora y media después*

| | |
|---|---|
| **Juan** | Entonces ¿qué pasa con mi coche? |
| **Mecánico** | Pues, la batería tenía un defecto, así que he tenido que cambiarla. De allí venía el ruido. También cambié el parabrisas porque estaba roto y era peligroso. |
| **Juan** | Muy bien. ¿Me miró el agua y el aceite? |
| **Mecánico** | Sí. Le eché un poquito más agua pero el aceite estaba bien. |
| **Juan** | Muchas gracias. ¿Cuánto le debo? |
| **Mecánico** | En total, son cuarenta mil pesetas. |
| **Juan** | Ay Sofía, ¡qué viaje más caro! |

*Una hora más tarde*

| | |
|---|---|
| **Sofía** | ¿Qué pasa ahora, Juan? |
| **Juan** | No me lo creo. Nos hemos quedado sin gasolina. Con tantos otros problemas, se me olvidó pedirle al mecánico que le echara más. |

**2** ◻ **Habla: diálogo**

- Sí. ¿Algo más?
- Ya está. ¿Es todo?
- Hay una cabina a la derecha.
- En total son 4.200 pesetas.

# ¿Qué tiempo hace?

**1** 📟 **Escucha y contesta**

*Ejemplo:* **1** *Mañana, el clima español será variable según las distintas regiones. En el norte, se puede esperar temperaturas bajas debido a vientos helados provenientes de Escandinavia. La nieve caerá por la mañana en las alturas de más de mil cuatrocientos metros.*

**2** Al noreste, lloverá abundantemente. Algunas zonas corren el riesgo de inundación.

**3** En la región valenciana, las nubes matinales se dispersarán por la tarde y las temperaturas podrán alcanzar los 20 a 22 grados.

**4** En el centro, en la región de la capital, se espera una mezcla de tormentas, lluvia y sol, todo el día.

**5** En el noroeste, mareas y mar gruesa. La noche será muy fría.

**6** En el Levante, por la región de Murcia, las temperaturas alcanzarán entre 23 y 25 grados, pero con ligera brisa marina.

**7** Finalmente, en el Sur, temperaturas muy altas y cielo totalmente despejado.

# D El mundo del trabajo

## Para pagarse las vacaciones . . .

**1** 📻 **Escucha y contesta**

**Marta** ¿Qué vamos a hacer durante el verano, Teresa?

**Teresa** Pues yo voy con mi familia a Alemania para visitar a unos parientes. Puedes acompañarnos si quieres.

**Marta** Ojalá, pero el problema es que no tengo dinero. Así que tengo que ir de vacaciones con mis padres. ¡Qué aburrimiento!

**Teresa** Oye, ¿por qué no vamos de vacaciones juntas las dos en setiembre? Me gustaría ir a Madrid.

**Marta** Buena idea pero ¿no te he dicho ya que no tengo dinero?

**Teresa** Ah, sí. Es cierto. Pues tengo una idea. Ya conoces a mi tía Andrea que vive en el campo. Su casa es demasiado grande y quiere mudar. El jardín también es tan grande que ella no puede cuidarlo. Para vender la casa, tiene que arreglar el jardín. Tú y yo podríamos hacerlo, ¿no? Tía Andrea nos pagaría bien porque desde luego le resultaría más barato que emplear a un jardinero profesional.

**Marta** ¡Claro! Y podríamos ahorrar el dinero para ir a Madrid en setiembre.

**Teresa** Exacto. Además, cuando haya vendido la casa, podríamos ayudarla a mudar. Así ganaríamos un poco más.

**Marta** Vete a llamarla ahora mismo porque ¡quiero empezar en seguida!

## Nacho habla de su empleo de verano

**1** 📻 **Escucha y contesta**

■ ¿Dónde trabajaste durante el verano, Nacho?

**Nacho** Pues mis padres dijeron que una oficina sería lo mejor para mí. Mis profesores querían que trabajase en un hotel. Pero por fin trabajé en una agencia de viajes.

■ Y ¿el trabajo te gustó?

**Nacho** La primera semana lo encontré bastante interesante porque había muchos clientes. Después vinieron menos y me sentía aburrido.

■ ¿Cuánto tiempo estuviste allí?

**Nacho** Seis semanas. La gente del pueblo no tenía dinero para vacaciones. Pero una colega con quien trabajaba me invitó a tomar un café un día y a partir de entonces me encontré más a gusto.

**3** ✏️ **Habla: diálogo**

■ ¿Cuál fue el primer trabajo que hiciste?

■ ¿Y el segundo?

■ ¿Qué hiciste con el dinero que ganaste?

■ ¿Y las vacaciones? ¿Qué tal te fueron?

## Para el verano se busca . . .

**2**  **Habla: diálogo**

- Buenos días. Primero, ¿podría hablarme un poco de Vd?
- Muy bien y ¿por qué le interesa el empleo?
- ¿Y cuál es su experiencia?
- ¿Quiere preguntarme algo?
- ¿Cuándo puede empezar?
- Muy bien. Mi secretaria va a concretar con Vd todos los detalles.

## Trabajo y ambiciones

**1**  **Escucha y contesta**

| | | |
|---|---|---|
| *Ejemplo:* | **Isabel** | *¡Hola! Me llamo Isabel y toco la batería en una orquesta.* |
| | **Marisol** | Me llamo Marisol y trabajo en un colegio de chicas. Enseño la historia. |
| | **Juan** | Buenas tardes. Me llamo Juan y me encanta mi trabajo con el Real Madrid. Soy muy deportista, claro, y me gusta todo tipo de deportes. |
| | **Roberto** | Me llamo Roberto. Trabajo en una oficina y me encantan las cifras. Siempre me han gustado las matemáticas. |
| | **Paco** | Me llamo Paco, y tengo que trabajar mucho de momento. Tengo 16 años y este verano tengo exámenes. |
| | **Claudia** | Me llamo Claudia y trabajo en un hospital. Me gusta ayudar a la gente y cuidar de su salud. |

## Una oferta de trabajo

**1**  **Escucha y contesta**

| | |
|---|---|
| ■ | Rafael, ¿en qué trabajarás cuando termines la carrera? |
| **Rafael** | Pues, mi padre es médico, mi madre enfermera, pero no tengo ganas de hacer ese tipo de trabajo. Yo quiero trabajar con computadoras. |
| ■ | ¿Por qué? |
| **Rafael** | Pues, porque son tan poderosas. Una computadora puede hacer en segundos lo que hace una persona en una semana. |
| ■ | Y ¿vas a quedarte en España para trabajar? |
| **Rafael** | No creo. Ya tengo dos ofertas de trabajo; una en los Estados Unidos y la otra en una empresa de Alemania. Voy a aceptar el empleo en Alemania. |
| ■ | ¿No tienes ganas de ir a los Estados Unidos? |
| **Rafael** | Es que hablo bien el alemán pero no hablo nada de inglés. |
| ■ | Y ¿cuánto tiempo te quedarás en el extranjero? ¿Para siempre? |
| **Rafael** | La empresa quiere que me quede tres años pero voy a quedarme dos años. |
| ■ | Y ¿luego? |
| **Rafael** | En Alemania voy a ahorrar todo lo que gano. Luego volveré a España con lo suficiente para establecer una empresa aquí. |
| ■ | Rafael, te deseo mucha suerte. |
| **Rafael** | Muchas gracias. |

**2**  ⬭  **Habla: diálogo**

- Buenos días. ¿Cuál es su nombre y apellido?
- ¿De qué nacionalidad es?
- ¿Cuándo llegó y cuándo se marcha de España?
- ¿Qué tipo de trabajo busca?
- ¿Tiene experiencia?
- Bueno. ¿Puede volver mañana por la mañana?
- Adiós y gracias.

# Trabajo en el extranjero

**1**  📼  **Escucha y contesta**

| | |
|---|---|
| **Nieto** | ¿Cuándo fuiste a Inglaterra, abuelo? |
| **Abuelo** | Pues fue en 1968. Aquí en España había muy poco trabajo y eso, mal pagado. No había más remedio. Tuve que marcharme. |
| **Nieto** | Y ¿conocías ya a mi abuela? |
| **Abuelo** | Sí. En aquellas fechas éramos novios. Pero tu abuela no pudo acompañarme porque su madre estaba enferma. |
| **Nieto** | Y ¿encontraste trabajo en Inglaterra sin dificultad? |
| **Abuelo** | ¡Qué va! Me costó mucho y los primeros días pasaba hambre porque no tenía dinero. Luego empecé a trabajar de camarero. |
| **Nieto** | Y ¿dónde vivías? |
| **Abuelo** | Pues un sobrino mío vivía en Londres y me alquiló una habitación en su piso. No salía nunca, no compraba nada, ahorraba cada peseta para poder volver a España y casarme con tu abuela. |
| **Nieto** | Y ¿cuánto tiempo estuviste en Inglaterra? |
| **Abuelo** | Tres años y en todo ese tiempo no regresé a España. Tu abuela tampoco vino a Inglaterra, pero nos escribíamos muchísimo. Aún tenemos todas las cartas. |
| **Nieto** | Y ¿qué pasó cuando volviste? |
| **Abuelo** | Hubo una gran boda y alquilamos este piso. Y ¡llegaron cuatro niños! |

# E El mundo internacional

## Una reserva de hotel

2     **Habla: diálogo**

- Buenas tardes. ¿En qué puedo ayudarle?
- ¿Porqué no funciona? A lo mejor han cerrado el agua por algo. Ahora mismo les mando a alguien que lo arregle.
- María subirá en seguida para remediar eso.
- Sí. Eso de la discoteca es un problema. Pero siempre cierran a la una y media – luego Vds pueden dormir tranquilos.
- Pero sí esa cama es nueva. ¿Quieren Vds cambiar a otras habitaciones?
- Bueno. La 24 y 25 están libres. Allí Vds estarán más a gusto, tal vez.

## Vacaciones en San Antonio

2     **Habla: diálogo**

- ¿Adónde vas de vacaciones este año?
- ¿Vas a la montaña o a la playa?
- ¿Cómo vas a ir?
- ¿Qué vas a hacer durante el día?
- Y ¿por la tarde?
- Si ganaras la lotería, ¿adónde irías?
- ¿Qué harías allí?

## Gana un Euroviaje

1     **Escucha y contesta**

Y para los chicos y chicas de hoy – a la hora de la merienda – nada mejor que las galletas Artiach.

Las hay en varios sabores: original, de fresa, de coco, de chocolate y también de naranja y de limón.

3     **Habla: diálogo**

- Buenos días. ¿En qué puedo ayudarle?
- ¿Para qué país?
- Sí, hay varias opciones para viajar por Europa.
- Claro. Ofrecemos un descuento interesante a los estudiantes.
- ¿Cómo quiere pagar?
- Muchas gracias. Adiós.

# ¡Ojalá me tocara la lotería!

**1**   **Escucha y contesta**

*Ejemplo:* **Carmela**   *¡Ojalá me tocara la lotería! ¿Sabéis qué haría? Pues, me iría con Antonio Banderas a Nueva York. Quisiera tanto ver los famosos rascacielos. Iría para tres semanas. Nos quedaríamos en un hotel de cinco estrellas y beberíamos champán cada día. ¡Qué sueño más estupendo!*

**Pedro**   Pues yo me marcharía a África para hacer un safari de quince días e iría con Claudia Schiffer porque la encuentro hermosísima. La protegería contra los animales salvajes y admiraría las estrellas con ella.

**Marisol**   Pues yo, nada de eso. Me gustaría pasar un año en un barco de vela, sola, para tener paz. Navegaría por los océanos y leería muchas novelas.

**José**   Y yo, me iría a Las Vegas con mis amigos. Un mes no estaría mal. Gastaríamos todo el dinero de la lotería jugando a las máquinas tragaperras y bailaríamos en las discotecas como locos.

# Problemas al llegar a Buenos Aires

**2**   **Habla: diálogo**

- ¿Qué pasó cuando llegaste?
- ¿Qué hiciste?
- ¿Cómo llegaste al centro de la ciudad?
- ¿Qué pasó al llegar al primer hotel?
- ¿Qué pasó al llegar al segundo hotel?
- ¿Qué hiciste después?

# Para un viaje sin problemas

**1**   **Escucha y contesta**

Viajar es uno de los mayores placeres que existen. Pero puede ser una pesadilla a veces, sobre todo si decidimos ir al extranjero. Si vas a un país no europeo, pásate por su embajada o consulado para ver si necesitas un visado o una vacuna. No olvides de procurarte toda la documentación. También conviene que suscribas a un seguro de asistencia ya que, si tienes un accidente, puede resultar muy caro. Cuando te vas, lleva contigo el teléfono y la dirección de la embajada o del consulado en el país que hayas elegido.

Una vez allí, evita complicaciones. Hay que demostrar respeto a la legislación y las costumbres locales. Las embajadas y los consulados pueden prestarte los siguientes servicios: proveer un nuevo pasaporte en caso de pérdida o caducidad, asistir a nacionales que se hallen detenidos o en prisión e informar sobre médicos, hospitales, escuelas y abogados. A veces también prestan el dinero necesario para repatriación aunque hay que reembolsarlo posteriormente.

TRANSCRIPTS FOR LISTENING AND SPEAKING TASKS

# El coche limpio del futuro

3    **Habla: diálogo**

- ¿Te gusta el diseño de este coche?
- ¿Crees que tus padres lo comprarían?
- ¿Qué cambiarías para mejorarlo?
- ¿Tú crees que es necesario adaptar los coches?

# En la radio

1    **Escucha y contesta**

Buenos días. He aquí el pronóstico del tiempo para hoy, martes, trece de octubre. En estos momentos hay una niebla ligera por toda la región pero ésta va a desaparecer a mediodía y veremos sol hasta el anochecer cuando las temperaturas van a bajar y ¡no salga sin abrigo! Mañana verá otro cambio porque podemos esperar un día de lluvia para toda la región.

2    **Escucha y contesta**

Ahora el boletín informativo. Nos llegan noticias de un joven que desapareció de delante de su casa anoche. Se trata de Julio Bernardo López del pueblo de Silla que tiene catorce años y llevaba vaqueros azules, camisa blanca y chaqueta negra. Tiene los ojos marrones y el pelo negro y es bastante alto, de un metro ochenta. Si Vds ven a este joven, por favor llamen a la policía.

3    **Escucha y contesta**

Hubo un incendio grave anoche en el estadio de San Martín en las afueras de Barcelona. El incendio ocurrió durante un partido de fútbol entre dos equipos locales.

Desgraciadamente, cuatro espectadores murieron en las llamas y doce fueron heridos, dos gravemente. Los bomberos tardaron media hora en llegar al estadio y las familias de las víctimas van a hacer una queja formal. Los bomberos pronto consiguieron controlar el incendio y las víctimas fueron llevadas al hospital en una ambulancia. Según fuentes oficiales, un niño de diez años provocó el incendio con una caja de cerillas.

# La lucha contra el crimen

2    **Habla: diálogo**

- ¿Cuándo ocurrió el robo?
- ¿Qué viste?
- ¿Cómo era el ladrón?
- ¿Qué hizo el ladrón al salir del banco?
- ¿Cómo era el coche?

**168**    © IT IS ILLEGAL TO PHOTOCOPY THIS PAGE

# Las noticias internacionales

## 📼 Escucha y contesta

Buenas tardes, radioyentes. Ahora las noticias internacionales.

El primer ministro de Inglaterra llegó hoy a Madrid para discusiones con el gobierno español sobre el futuro del Peñón.

Lluvias fuertes en el Perú causan miles de muertes. La cruz roja solicita ayuda de las Naciones Unidas.

Joyas valoradas en millones de pesetas desaparecen misteriosamente de una joyería en Nueva York durante la noche. Los ladrones entraron mediante un túnel.

Un anciano, Henry Miller, de Australia, ha cumplido hoy ciento veinte años. El primer ministro australiano le ha enviado una tarjeta de felicitación.

# ¿Qué sabes del general Franco?

**2**  📼 **Escucha y contesta**

■ Antes de estudiar la Guerra Civil en el instituto, ¿qué información tenías?

**Eli** Poca. Mi abuela, a veces, me cuenta lo mal que lo pasó, pero ella habla poco sobre este tema. Muchas personas quieren olvidar lo que pasó. Recientemente también he visto algún programa en la televisión.

■ La Guerra Civil y el franquismo, ¿cómo se estudia?

**Eli** Yo pienso que esperar a los 16 ó 17 años para estudiar este período de nuestra historia es demasiado tarde. Se estudia poco, porque después ya no volvemos a ver este período.

■ ¿Cómo ves hoy la figura de Franco?

**Eli** Negativa, porque llevó al país hacia atrás en todos los sentidos: en libertades, en lo cultural, económico…

# ANSWERS TO LISTENING AND READING TASKS

# ANSWERS TO LISTENING AND READING TASKS

## A La vida cotidiana

## Alfonso describe su instituto

### 1 🎧 Escucha y contesta

1 V, 2 F, 3 F, 4 V, 5 F, 6 F, 7 F, 8 V, 9 V, 10 V

[10 puntos: 🎯 7/10]

Puntuación sacada: .......... puntos

## El horario de Jorge

### 1 📖 Lee y contesta

1 V, 2 M, 3 NSS, 4 M, 5 M, 6 NSS, 7 V, 8 NSS

[8 puntos: 🎯 5/8]

Puntuación sacada: .......... puntos

## El horario de Rocío

### 1 🎧 Escucha y contesta

| Clase | Asignatura | Aula | Hora que empieza |
|---|---|---|---|
| 2 | inglés | 33 | 10.00 |
| 3 | español | 29 | 11.30 |
| 4 | geografía | 13 | 15.30 |
| 5 | química | laboratorio de química | 16.30 |

[12 puntos: 🎯 9/12]

Puntuación sacada: .......... puntos

## Una carta

### 1 📖 Lee y contesta

1 b, 2 a, 3 c, 4 b, 5 b, 6 b, 7 a, 8 c, 9 b

[9 puntos: 🎯 6/9]

Puntuación sacada: .......... puntos

## El instituto de Irene

### 1 📖 Lee y contesta

A **Lo que le gusta** 1 el laboratorio, 2 la historia, 3 la gimnasia, 4 las clases de 50 minutos, 5 dos recreos, 6 las actividades libres, 7 el interés de los profesores hacia ellos
B **Lo que no le gusta** 8 empezar a las 8.30 de la mañana
C **Lo que prefiere y ¿por qué?** 9 ir al instituto por la mañana, 10 porque así puede estudiar y hacer los deberes por la tarde

[10 puntos: 🎯 6/10]

Puntuación sacada: .......... puntos

## El profesor de inglés

### 1 📖 Lee y contesta

1 Cristina, 2 Mariluz, 3 Pepe, 4 José, 5 Ricardo

[5 puntos: 🎯 3/5]

Puntuación sacada: .......... puntos

## La casa de Silvia

### 1 📖 Lee y contesta

1 She's 16 years old, tall, blonde, brown eyes, quite pretty, very friendly. (Any 4 items) [4]
2 Her house is pretty, detached with lovely garden, one floor only, four bedrooms, fitted kitchen, fairly large dining and living-room, two bathrooms and toilets. (Any 4 items) [4]
3 It's her favourite room, navy-blue, with stereo system, bookshelves with books, photos and records, a lot of posters of famous singers, her own telephone. (Any 4 items) [4]
4 Because they think she spends too much time on the phone talking to her friends instead of doing her homework. [2]

**5** Because she can use the CD rom
encyclopedia to improve her knowledge
and also play games on it. [2]

[16 puntos: 🎯 10/16]

Puntuación sacada: .......... puntos

## Los quehaceres de la casa

**1** 📼 **Escucha y contesta**

**Pepe** car washing, vacuuming
**José** cooking, bed-making
**Pablo** car washing, washing up
**Sebastián** doing the washing, gardening
**Conchita** cooking, doing the washing

[10 puntos: 🎯 7/10]

Puntuación sacada: .......... puntos

## Limpiar ¡qué horror!

**1** 📼 **Escucha y contesta**

**A** Mario does ironing, shopping, bed-making,
sweeping and emptying the bin. Mario doesn't
do washing, window-cleaning or car washing.

[8 puntos: 🎯 5/8]

Puntuación sacada: .......... puntos

**B 1** Mario, **2** Susana, **3** Mario, **4** Mario,
**5** Susana, **6** Susana

[6 puntos: 🎯 4/6]

Puntuación sacada: .......... puntos

## El nuevo hombre y las tareas domésticas

**1** 📖 **Lee y contesta**

**A 1** con el máximo cariño que te sea posible
y mucha paciencia [2]
  **2** fregar los platos [2]
  **3** su inexplicable amor a la abundante
espuma [2]
  **4** el vicio de tener el grifo abierto
derrochando litros de agua [2]
  **5** Se tienen que meter los platos dentro y
luego sacarlos. [2]

[10 puntos: 🎯 5/10]

Puntuación sacada: .......... puntos

**B 1** c, **2** b, **3** c, **4** d

[4 puntos: 🎯 3/4]

Puntuación sacada: .......... puntos

## Pon una máquina en tu vida

**1** 📖 **Lee y contesta**

**A 2** c, **3** b, **4** g, **5** e, **6** a

[5 puntos: 🎯 3/5]

Puntuación sacada: .......... puntos

**B 1** relucientes, **2** lograr, **3** mínimo,
**4** rincones, **5** contaminación, **6** aspecto,
**7** perfecta

[7 puntos: 🎯 5/7]

Puntuación sacada: .......... puntos

**C 1** F, **2** V, **3** V, **4** V, **5** V, **6** F, **7** F, **8** V

[8 puntos: 🎯 6/8]

Puntuación sacada: .......... puntos

## Una receta: el budín de naranja

**1** 📖 **Lee y contesta**

**2** f, **3** c, **4** d, **5** b, **6** a, **7** g

[6 puntos: 🎯 4/6]

Puntuación sacada: .......... puntos

## Comida y salud

**1** 📖 **Lee y contesta**

**A** 6, 2, 5, 1, 3

[5 puntos: 🎯 3/5]

Puntuación sacada: .......... puntos

**B 1** F, **2** V, **3** F, **4** V, **5** F, **6** V

[6 puntos: 🎯 4/6]

Puntuación sacada: .......... puntos

# ANSWERS TO LISTENING AND READING TASKS

## ¡Oiga, camarero!

### 1 📖 Lee y contesta

1 V, 2 F, 3 F, 4 F, 5 F, 6 V, 7 F, 8 V

[8 puntos: 🎯 6/8]

Puntuación sacada: .......... puntos

## ¿Te mareas en el coche?

### 1 📖 Lee y contesta

**b** cama, **c** poco, **d** detrás, **e** descansos,
**f** tabaco, **g** cerradas, **h** hablen, **i** delante,
**j** revistas, **k** vuelta

[10 puntos: 🎯 7/10]

Puntuación sacada: .......... puntos

## Un accidente

### 1 📼 Escucha y contesta

1 F, 2 V, 3 F, 4 F, 5 F, 6 F

[6 puntos: 🎯 4/6]

Puntuación sacada: .......... puntos

## Tu salud

### 1 📖 Lee y contesta

1 M – Hacen falta voluntarios.
2 M – La selección es muy rigurosa.
3 M – Deben esperar 12 horas antes de
      hacerlo.
4 V
5 M – No se acepta su donación.

[10 puntos: 🎯 6/10]

Puntuación sacada: .......... puntos

## Una visita al dentista

### 1 📼 Escucha y contesta

**Necesita** nacionalidad, seguro, duración del
dolor, medicamentos
**No necesita** dirección, teléfono, fecha de
nacimiento

[7 puntos: 🎯 4/7]

Puntuación sacada: .......... puntos

## El sol

### 1 📖 Lee y contesta

**A a** 5, **b** 2, **c** 6, **d** 7, **e** 10, **f** 8, **g** 9, **h** 1, **i** 4, **j** 3

[10 puntos: 🎯 7/10]

Puntuación sacada: .......... puntos

**B 1** insolación, **2** peligroso, **3** piel, **4** cuidado,
**5** nunca, **6** niños, **7** gente, **8** sufre, **9** sombrero,
**10** bebidas

[10 puntos: 🎯 7/10]

Puntuación sacada: .......... puntos

# La familia, los amigos y el ocio

## Ignacio se presenta

### 1 🎙 Escucha y contesta

1 b, 2 c, 3 c, 4 d, 5 b, 6 b, 7 c, 8 d, 9 d, 10 a

[10 puntos: 🎯 6/10]

Puntuación sacada: ………. puntos

## Descripciones

### 1 🎙 Escucha y contesta

1 Pepe – a, 2 José – c, 3 Jorge – d, 4 Luis – b

[4 puntos: 🎯 3/4]

Puntuación sacada: ………. puntos

## Busco amigos

### 1 📖 Lee y contesta

**José** idiomas, equitación
**Sara** arte, animales
**Cristina** natación, coleccionar (sellos)
**Rosita** cine, lectura
**Jaime** baile, idiomas

[10 puntos: 🎯 8/10]

Puntuación sacada: ………. puntos

### 2 📖 Lee y contesta

1B, 2A, 3D

[3 puntos: 🎯 2/3]

Puntuación sacada: ………. puntos

## 'Apenas le conozco, pero . . .'

### 1 📖 Lee y contesta

**A** 2 d, 3 j, 4 a, 5 f, 6 e, 7 i, 8 c, 9 b, 10 h

[9 puntos: 🎯 6/9]

Puntuación sacada: ………. puntos

**B** 1 maravilloso, 2 interior, 3 absurdo, 4 relajarse, 5 problema, 6 disfrutarla

[6 puntos: 🎯 4/6]

Puntuación sacada: ………. puntos

## Una telenovela

### 1 📖 Lee y contesta

**Le gusta** Rafael, Nicolás, Adela
**No le gusta** Esteban, Ignacio
**Es imposible decidir** Elena

[6 puntos: 🎯 5/6]

Puntuación sacada: ………. puntos

## Los fines de semana

### 1 📖 Lee y contesta

**A** 1 Isabel, 2 Miguel, 3 Rafa, 4 Miguel, 5 Rafa, 6 Miguel, 7 el padre de Miguel, 8 Clara, 9 Clara e Isabel [2], 10 los vecinos

[11 puntos: 🎯 7/11]

Puntuación sacada: ………. puntos

**B** 1 b, 2 a, 3 b, 4 a, 5 b, 6 b, 7 b, 8 b, 9 b, 10 a

[10 puntos: 🎯 6/10]

Puntuación sacada: ………. puntos

## Contestador automático

### 1 🎙 Escucha y contesta

1 a, 2 a, 3 a, 4 b

[4 puntos: 🎯 3/4]

Puntuación sacada: ………. puntos

# ANSWERS TO LISTENING AND READING TASKS

## ¿Qué vamos a hacer el domingo?

### 1 🔊 Escucha y contesta

1 concierto  No  No quedan entradas.
2 partido de fútbol  No  No le gusta el fútbol.
3 restaurante chino  Sí  Le gusta la cocina china.
4 el zoo  Sí  Le encantan los animales.

[8 puntos: 5/8]

Puntuación sacada: ………. puntos

## Vamos a comer

### 1 📖 Lee y contesta

1 C, 2 I, 3 G, 4 F, 5 H, 6 D, 7 E, 8 M, 9 L, 10 N

[10 puntos: 7/10]

Puntuación sacada: ………. puntos

## Excursión a San Sebastián

### 1 📖 Lee y contesta

1 F, 2 F, 3 F, 4 V, 5 F

[5 puntos: 4/5]

Puntuación sacada: ………. puntos

## ¿Adónde vamos?

### 1 🔊 Escucha y contesta

**A** 1 Teresa, 2 Paula, 3 Paula, 4 Paula, 5 Teresa, 6 Paula

[6 puntos: 4/6]

Puntuación sacada: ………. puntos

**B** 1 se comportaron, 2 necios, 3 temperatura, 4 cine, 5 adora, 6 abandonar

[6 puntos: 4/6]

Puntuación sacada: ………. puntos

**C** 1 airada        sí
2 poco paciente     sí
3 alegre            no
4 comprensiva       no
5 testaruda         sí

[5 puntos: 3/5]

Puntuación sacada: ………. puntos

## En una agencia de viajes

### 1 🔊 Escucha y contesta

**Excursiones** martes mañana y tarde, miércoles mañana
**Baile** sábado y domingo tarde
**Deporte** jueves tarde
**Espectáculos** viernes tarde

[7 puntos: 5/7]

Puntuación sacada: ………. puntos

## El verano, una buena época para la lectura

### 1 📖 Lee y contesta

1 b, 2 b, 3 a, 4 b, 5 a, 6 b

[6 puntos: 4/6]

Puntuación sacada: ………. puntos

## De veraneo

### 1 🔊 Escucha y contesta

**A** 2 a, 3 f, 4 c, 5 b, 6 e

[5 puntos: 3/5]

Puntuación sacada: ………. puntos

**B** 2 d, 3 a, 4 c, 5 f, 6 e

[5 puntos: 4/5]

Puntuación sacada: ………. puntos

# En los multicines

## 1 📖 Lee y contesta

1 c, 2 e, 3 f, 4 h, 5 a, 6 b, 7 g

[7 puntos: 🎯 5/7]

Puntuación sacada: .......... puntos

## 2 📖 Lee y contesta

**A** 1 F, 2 F, 3 F, 4 V, 5 F, 6 V

[6 puntos: 🎯 3/6]

Puntuación sacada: .......... puntos

**B** 1 televisión, 2 cine, 3 jóvenes, 4 fama,
5 contra, 6 mónstruo, 7 controlar

[7 puntos: 🎯 4/7]

Puntuación sacada: .......... puntos

# La entrevista

## 1 📖 Lee y contesta

**A** americano, casado, célebre, bien vestido

[4 puntos: 🎯 3/4]

Puntuación sacada: .......... puntos

**B** 1 Verdad
2 Falso. Vive en Francia/París.
3 Verdad
4 Falso. Es un western.
5 Falso. Visitó los almacenes.
6 Falso. Gasta dinero en ropa.
7 c
8 a

[8 puntos: 🎯 6/8]

Puntuación sacada: .......... puntos

# Una novela

## 1 📼 Escucha y contesta

**El tren** del oeste  No  la ha leído.
**New Orleans** de horror  No  en inglés.
**Algo Nuevo** de ciencia ficción  Sí  corta.

[9 puntos: 🎯 6/9]

Puntuación sacada: .......... puntos

## Decisiones

### 1 📖 Lee y contesta

1 c, 2 d, 3 f, 4 i, 5 h, 6 k, 7 a, 8 e, 9 b, 10 g

[10 puntos: 🎯 7/10]

Puntuación sacada: ………. puntos

## Compromisos

### 1 📖 Lee y contesta

1 c, 2 c, 3 She has poor handwriting. 4 He wanted to go out with her. 5 b, 6 d, 7 c, 8 b, 9 c, 10 a, 11 c, 12 b, 13 b

[13 puntos: 🎯 9/13]

Puntuación sacada: ………. puntos

## Mi ciudad

### 1 📼 Escucha y contesta

**Eloísa** 14, Alicante, mar muy bonito, demasiados turistas, el tenis
**Pedro** 15, Valencia, mucho ambiente, mar muy sucio, el cine
**Rosa** 13, Santander, preciosas casas antiguas, mucha lluvia, la filatelia

[15 puntos: 🎯 10/15]

Puntuación sacada: ………. puntos

## Un paseo en el centro de la ciudad

### 📖 Lee y contesta

1 b, 2 a, 3 b, 4a 2, b 1, c 4, d 5, e 3, 5 d

[9 puntos: 🎯 6/9]

Puntuación sacada: ………. puntos

## ¿Para ir a . . . ?

### 1 📼 Escucha y contesta

2 El ayuntamiento – P
3 La oficina de viajes – S
4 La carnicería – G
5 La comisaría – J
6 La panadería – A
7 La farmacia – L
8 El cine – R

[7 puntos: 🎯 5/7]

Puntuación sacada: ………. puntos

## Haciendo turismo

### 1 📼 Escucha y contesta

1 Palacio Real, 2 Catedral, 3 Estadio, 4 Restaurante Milagro, 5 Estación de ferrocarriles, 6 Museo, 7 Teatro romano, 8 Puente viejo, 9 Plaza central, 10 Piscina municipal

[10 puntos: 🎯 7/10]

Puntuación sacada: ………. puntos

### 2 📼 Escucha y contesta

1 c, 2 a, 3 d, 4 b, 5 f

[5 puntos: 🎯 3/5]

Puntuación sacada: ………. puntos

# ANSWERS TO LISTENING AND READING TASKS

## Grandes almacenes

### 1 📖 Lee y contesta

1 V, 2 V, 3 V, 4 F, 5 F, 6 V, 7 V, 8 F, 9 V, 10 V

[10 puntos: 🎯 7/10]

Puntuación sacada: ……….. puntos

## En una boutique de modas

### 1 📼 Escucha y contesta

**A** b

[2 puntos: 🎯 2/2]

Puntuación sacada: ……….. puntos

**B** 1 a, 2 d, 3 b, 4 c

[4 puntos: 🎯 3/4]

Puntuación sacada: ……….. puntos

**C** 1 primer, 2 caro, 3 formal, 4 casarse, 5 guapa, 6 azul claro, 7 precioso

[7 puntos: 🎯 5/7]

Puntuación sacada: ……….. puntos

## Haciendo la compra

### 1 📼 Escucha y contesta

**Necesitan** b, d, f, h
**Ya tienen** a, c, e, g, i

[9 puntos: 🎯 5/9]

Puntuación sacada: ……….. puntos

## Una fiesta

### 1 📖 Lee y contesta

1 f, 2 b, 3 e, 4 c, 5 a

[5 puntos: 🎯 5/5]

Puntuación sacada: ……….. puntos

## El 24 de diciembre – la Nochebuena

### 1 📖 Lee y contesta

1 Sí, 2 Sí, 3 Sí, 4 Sí, 5 No, 6 No, 7 No, 8 No

[8 puntos: 🎯 5/8]

Puntuación sacada: ……….. puntos

# Objetos perdidos

### 1 📖 Lee y contesta

| Perdido | Día | Hora | Color | Lugar | Detalles especiales |
|---|---|---|---|---|---|
| perro | lunes 26 | | blanco y negro | Avda Castellanos | collar verde |
| maleta | viernes 13 | entre 8 y 10 de la noche | marrón | Estación RENFE | documentos oficiales |
| monedero | domingo 3 | | rojo | restaurante El Avila | nombre y dirección |
| reloj | martes 27 | | oro | Teatro Municipal | valor sentimental |

[17 puntos: 🎯 12/17]

Puntuación sacada: ……….. puntos

# ANSWERS TO LISTENING AND READING TASKS

## 3 📻 Escucha y contesta

**Nombre** *Alejandro*
**Apellido** *Lucas Guerra*
**Dirección** *Calle Iglesia 43 2oA*
**Teléfono** *226-75-45*
**Objeto perdido** *cartera*
**Descripción del objeto perdido** *cuero negro*
**Contenido** *tarjetas de crédito, 10.000 pesetas*
**Fecha de la pérdida** *12 de junio*
**Hora de la pérdida** *10.20*
**Lugar de la pérdida** *Café Sol, Calle Vega*

[12 puntos: 🎯 8/12]

Puntuación sacada: .......... puntos

## Un robo

### 1 📖 Lee y contesta

**1** c, **2** d, **3** d, **4** c, **5** c, **6** d

[6 puntos: 🎯 4/6]

Puntuación sacada: .......... puntos

## En la estación de servicio

### 1 📻 Escucha y contesta

**A 1** ✗, **2** ✓, **3** ✗, **4** ✓, **5** ✓, **6** ✗, **7** ✓, **8** ✓, **9** ✗

[9 puntos: 🎯 6/9]

Puntuación sacada: .......... puntos

**B 1** ruido, **2** una hora y media, **3** neumáticos, **4** volver, **5** mire, **6** aceite, **7** defecto, **8** batería, **9** peligroso, **10** echarle

[10 puntos: 🎯 6/10]

Puntuación sacada: .......... puntos

## ¿Qué tiempo hace?

### 1 📻 Escucha y contesta

**A 2** d, **3** e, **4** a, **5** c, **6** f, **7** g

[6 puntos: 🎯 4/6]

Puntuación sacada: .......... puntos

**B 2** d, **3** e, **4** a, **5** c, **6** f, **7** g

[6 puntos: 🎯 4/6]

Puntuación sacada: .......... puntos

## El agua – un recurso a valorar

### 1 📖 Lee y contesta

**2** f, **3** g, **4** c, **5** a, **6** d, **7** e, **8** j, **9** h, **10** i

[9 puntos: 🎯 5/9]

Puntuación sacada: .......... puntos

## El lobo ibérico en peligro

### 📖 Lee y contesta

**1** F, **2** F, **3** F, **4** T, **5** T, **6** F

[6 puntos: 🎯 4/6]

Puntuación sacada: .......... puntos

# El mundo del trabajo

## Trabajos ocasionales

### 1 📖 Lee y contesta

1 en un bar
2 profesor
3 con animales
4 por la tarde
5 jardinero

[5 puntos: 🎯 4/5]

Puntuación sacada: ........... puntos

## Para pagarse las vacaciones . . .

### 1 📼 Escucha y contesta

1 Germany
2 to visit relatives
3 no money
4 September
5 in the country
6 move house
7 gardening; help with house-move [2]
8 save it to go to Madrid
9 wants to start straight away

[10 puntos: 🎯 6/10]

Puntuación sacada: ........... puntos

## Nacho habla de su empleo de verano

### 1 📼 Escucha y contesta

1 d, 2 a, 3 a, 4 d, 5 c

[5 puntos: 🎯 4/5]

Puntuación sacada: ........... puntos

## Un cursillo de verano

### 1 📖 Lee y contesta

**John** español avanzado, Cocina española y suramericana, cena en un restaurante típico, demostración de cocina regional, alojamiento en residencia universitaria
**Peter** español intermediario, los Pirineos y la región del norte, los problemas económicos del sur, Valencia y su agricultura, alojamiento en familia
**Michelle** español avanzado, escritores clásicos del Siglo de Oro, la poesía de García Lorca, discoteca en Benidorm, alojamiento en residencia universitaria

[15 puntos: 🎯 8/15]

Puntuación sacada: ........... puntos

## Como buscar un trabajo

### 1 📖 Lee y contesta

**A** a 4, **b** 2, **c** 1, **d** 3

[4 puntos: 🎯 3/4]

Puntuación sacada: ........... puntos

**B** 1 h, 2 e, 3 a, 4 g, 5 f, 6 b, 7 d, 8 c

[7 puntos: 🎯 4/7]

Puntuación sacada: ........... puntos

## Conéctate en el Internet

### 1 📖 Lee y contesta

**A** Any four of the following:
- to satisfy need of Canarian young people for information on:
  - education
  - legal matters
  - social matters
  - how to complete their training
  - job offers

# ANSWERS TO LISTENING AND READING TASKS

–   free time and recreation activities
–   health education

[4 puntos: 2/4]

Puntuación sacada: .......... puntos

**B 1**   desperate
**2**   one of the first to offer this service
**3**   anywhere in the world
**4**   your cv
**5**   nothing – it's free
**6**   looking at job adverts on it
**7**   any two of the following:
You've nothing to lose.
Others have found work via this system.
It doesn't take long.
It could be the chance of a lifetime.   [2]

[8 puntos: 6/8]

Puntuación sacada: .......... puntos

# Trabajo y ambiciones

## 1   Escucha y contesta

**Marisol** 8, a
**Juan** 2, f
**Roberto** 5, c
**Paco** 9, g
**Claudia** 3, b

[10 puntos: 6/10]

Puntuación sacada: .......... puntos

## 2   Lee y contesta

**1** Ana, **2** Álvaro, **3** Marta, **4** Juan, **5** Juana,
**6** Mari Carmen, **7** José

[7 puntos: 5/7]

Puntuación sacada: .......... puntos

# Un puesto de traductora

## Lee y contesta

**A 1** sí, **2** inglesa, **3** italiana, **4** Londres,
**5** Madrid/España, **6** Madrid, **7** un año,
**8** secretaria/traductora, **9** español,
**10** francés y español

[10 puntos: 6/10]

Puntuación sacada: .......... puntos

**B**

|     | 1979 | 1983 | 1986 | 1987 | 1989 | 1990 | 1991 | 1992 | 1993 | 1994 | 1995 | 1996 | 1997 |
|-----|------|------|------|------|------|------|------|------|------|------|------|------|------|
| 2   |      |      |      |      |      |      |      |      |      |      |      | ✓    |      |
| 3   |      | ✓    |      |      |      |      |      |      |      |      |      |      |      |
| 4   |      |      |      |      |      |      | ✓    | ✓    |      |      |      |      |      |
| 5   |      |      |      |      |      |      | ✓    |      |      |      |      |      |      |
| 6   |      |      |      |      |      |      |      |      |      | ✓    |      |      |      |
| 7   |      |      | ✓    | ✓    |      |      |      |      |      |      |      |      |      |
| 8   |      |      |      |      |      |      | ✓    |      |      |      |      |      |      |
| 9   |      |      | ✓    |      |      |      |      |      |      |      |      |      |      |
| 10  |      |      |      |      | ✓    | ✓    |      |      |      |      |      |      |      |

[12 puntos: 8/12]

Puntuación sacada: .......... puntos

## La belleza – una carrera

### 1 📖 Lee y contesta

**Esther**
2 masajes y las técnicas orientales de
  relajación     [2]
3 belleza de los pies
4 creativo
5 futuro
6 lo que necesita la cliente

**Lola**
1 peluquera
2 38 años
3 15 años
4 el primer día
5 dar rienda suelta a la imaginación y
  realizarte     [2]
6 creatividad

[13 puntos: 🎯 8/13]

Puntuación sacada: ………. puntos

## Una vacante en El Corte Inglés

### 1 📖 Lee y contesta

1 biggest in Spain
2 centre of Madrid
3 leather goods
4 to sell to English-speaking customers
5 knowledge of French
6 it is good
7 it is included
8 a stamped addressed envelope

[8 puntos: 🎯 6/8]

Puntuación sacada: ………. puntos

## Busco trabajo en Inglaterra

### 1 📖 Lee y contesta

1 F, 2 V, 3 F, 4 F, 5 V, 6 V, 7 F, 8 F, 9 F, 10 F

[10 puntos: 🎯 7/10]

Puntuación sacada: ………. puntos

## Una oferta de trabajo

### 1 📼 Escucha y contesta

1 con computadoras
2 son (tan) poderosas
3 (en) Alemania
4 no habla inglés
5 2 años
6 lo ahorrará
7 establecer una empresa

[7 puntos: 🎯 4/7]

Puntuación sacada: ………. puntos

## Trabajo en el extranjero

### 1 📼 Escucha y contesta

2 a, 3 b, 4 g, 5 c, 6 h, 7 e, 8 f, 9 j, 10 i

[9 puntos: 🎯 6/9]

Puntuación sacada: ………. puntos

### 2 📖 Lee y contesta

**José** Germany, two months, climate, cars
**Isabel** Italy, a year, the people, fashion
  clothes
**Enrique** France, two weeks, cooking, planes

[12 puntos: 🎯 8/12]

Puntuación sacada: ………. puntos

## El mundo de la moda

### 📖 Lee y contesta

A   1 e, 2 f, 4 a, 5 c, 6 b, 7 d

[6 puntos: 🎯 4/6]

B   b 3, c 7, d 9, e 1, f 6, g 2, h 4, i 8

[8 puntos: 🎯 6/8]

C   a 3, b 2, c 4, d 1

[4 puntos: 🎯 2/4]

## Comer en francés, en italiano . . .

### 1 📖 Lee y contesta

1 any two of the following
- surprise friends
- savour unsuspected delicacies
- It is like travelling without moving out of Spain.
- It enables you to discover new countries through different dishes. [2]
2 It is best to ask what the dish consists of before ordering.
3 Because you might not like it.
4 a more affordable set menu
5 any three of the following:
Middle East, Argentina, Asian countries, Greece, France [3]

[8 puntos: 🎯 5/8]

Puntuación sacada: ........... puntos

## Alojamiento de vacaciones

### 1 📖 Lee y contesta

Familia 1 – F, Familia 2 – B, Familia 3 – E, Familia 4 – C, Familia 5 – F

[5 puntos: 🎯 3/5]

Puntuación sacada: ........... puntos

## Vacaciones en San Antonio

### 1 📖 Lee y contesta

1 Sí, 2 No se dice, 3 Sí, 4 Sí, 5 No se dice, 6 No se dice, 7 Sí, 8 Sí

[8 puntos: 🎯 6/8]

Puntuación sacada: ........... puntos

## Gana un Euroviaje

### 1 📼 Escucha y contesta

a 5, b 4, c 3, d 2, e 6

[5 puntos: 🎯 3/5]

Puntuación sacada: ........... puntos

### 2 📖 Lee y contesta

A 1 ✗, 2 ✗, 3 ✓, 4 ✓, 5 ✓, 6 ✗, 7 ✓, 8 ✓, 9 ✗, 10 ✗

[10 puntos: 🎯 6/10]

Puntuación sacada: ........... puntos

B 1 ✓, 2 ✓, 3 ✗, 4 ✓, 5 ✗, 6 ✓, 7 ✗, 8 ✓

[8 puntos: 🎯 6/8]

Puntuación sacada: ........... puntos

## Un viaje exótico

### 1 📖 Lee y contesta

A 1 ✗, 2 ✓, 3 ✓, 4 ✗, 5 ✓, 6 ✓, 7 ✗, 8 ✗, 9 ✓, 10 ✓, 11 ✓

[11 puntos: 🎯 7/11]

Puntuación sacada: ........... puntos

B 1 año [1]
2 Tailandia [1]
3 dinero [1]
4 trabajitos [1]
5 coches, cristales [2]
6 guitarra [1]
7 cantaron [1]

[8 puntos: 🎯 5/8]

Puntuación sacada: ........... puntos

C 2 h, 3 d, 4 f, 5 g, 6 e, 7 c, 8 i, 9 a, 10 m, 11 b, 12 j, 13 l

[12 puntos: 🎯 8/12]

Puntuación sacada: ........... puntos

# ¡Ojalá me tocara la lotería!

## 1 🔊 Escucha y contesta

**Pedro** África, safari, 15 días, Claudia Schiffer, admirar las estrellas/protegerla contra animales salvajes
**Marisol** océanos, tener paz, un año, sola/nadie, leer novelas
**José** Las Vegas, gastar el dinero en las máquinas, un mes, amigos, bailar en discotecas

[15 puntos: 🎯 10/15]

Puntuación sacada: ………. puntos

# Problemas al llegar a Buenos Aires

## 1 📖 Lee y contesta

1 g, 2 h, 3 i, 4 e, 5 c, 6 d, 7 k, 8 a, 9 f, 10 j

[10 puntos: 🎯 7/10]

Puntuación sacada: ………. puntos

# Para un viaje sin problemas

## 1 🔊 Escucha y contesta

A 1 ✓, 2 ✓, 3 ✗, 4 ✗, 5 ✓, 6 ✓, 7 ✗

[7 puntos: 🎯 4/7]

Puntuación sacada: ………. puntos

B 1 ✗, 2 ✗, 3 ✓, 4 ✓, 5 ✓, 6 ✗

[6 puntos: 🎯 4/6]

Puntuación sacada: ………. puntos

# El coche limpio del futuro

## 1 📖 Lee y contesta

1 catalytic converters
2 **a** use expensive fuel, **b** pollute air
3 **a** 4, **b** 3, **c** 1, **d** 2

[7 puntos: 🎯 4/7]

Puntuación sacada: ………. puntos

## 2 📖 Lee y contesta

2 A, 3 A, 4 B, 5 B, 6 F, 7 E, 8 E, 9 F, 10 C, 11 D

[10 puntos: 🎯 6/10]

Puntuación sacada: ………. puntos

# Qué hacer con la basura

## 1 📖 Lee y contesta

2 g, 3 f, 4 i, 5 a, 6 h, 7 b, 8 c, 9 e

[8 puntos: 🎯 5/8]

Puntuación sacada: ………. puntos

# En la radio

## 1 🔊 Escucha y contesta

1 e, 2 d, 3 a, 4 b

[4 puntos: 🎯 3/4]

Puntuación sacada: ………. puntos

## 2 🔊 Escucha y contesta

1 anoche, 2 catorce, 3 vaqueros, 4 negra, 5 pelo 6 bastante, 7 policía

[7 puntos: 🎯 6/7]

Puntuación sacada: ………. puntos

## 3 🔊 Escucha y contesta

1 F, 2 V, 3 F, 4 V, 5 F, 6 V, 7 V

[7 puntos: 🎯 4/7]

Puntuación sacada: ………. puntos

# La lucha contra el crimen

## 1 📖 Lee y contesta

1 a
2 Es alcalde.
3 Ofrece una recompensa.
4 a
5 d

[5 puntos: 🎯 4/5]

Puntuación sacada: ………. puntos

## Las noticias internacionales

### 📷 📖 Escucha, lee y contesta

1 No, 2 No, 3 Sí, 4 No, 5 No, 6 No, 7 Sí, 8 Sí

[8 puntos: 🎯 5/8]

Puntuación sacada: ………. puntos

## Una entrevista política

### 📖 Lee y contesta

1 V, 2 F, 3 F, 4 V, 5 V, 6 F, 7 V, 8 V, 9 V

[9 puntos: 🎯 5/9]

Puntuación sacada: ………. puntos

## Una boda internacional

### 1 📖 Lee y contesta

1 en Roma
2 22
3 a
4 Había perdido su dirección.
5 en el bolsillo de un vaquero
6 una criada
7 en Francia
8 ninguna

[8 puntos: 🎯 5/8]

Puntuación sacada: ………. puntos

## ¿Qué sabes del general Franco?

### 1 📖 Lee y contesta

1 18 July 1936
2 radio
3 1 million
4 40 years
5 in his bed
6 a four hours
  b thirty hours

[7 puntos: 🎯 4/7]

Puntuación sacada: ………. puntos

### 2 📷 Escucha y contesta

1 Because many people want to forget what happened.
2 a Waiting until the age of 16 or 17 to learn about it is too late.
  b It is studied for too short a time.
  c It is never studied again.
3 negative
4 a human rights, b culture, c economy

[8 puntos: 🎯 5/8]

Puntuación sacada: ………. puntos

# EXTRA TASKS FOR ASSESSMENT/ PRE-EXAM PRACTICE

## En el camping 'El Sol'

### 1 Lee y contesta

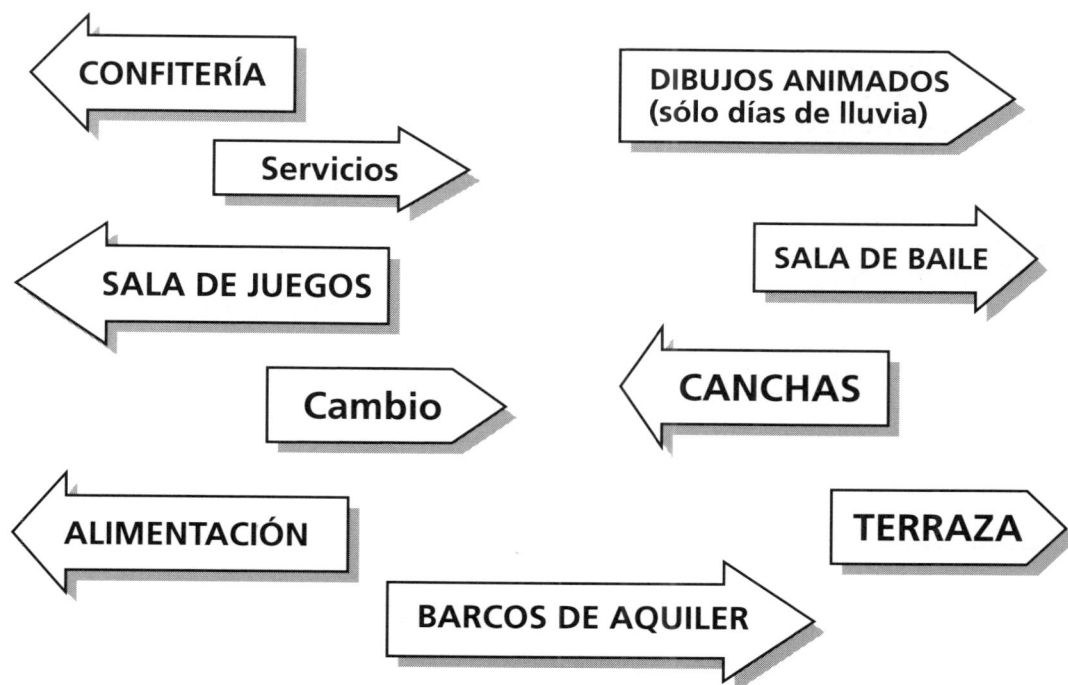

CONFITERÍA

Servicios

DIBUJOS ANIMADOS
(sólo días de lluvia)

SALA DE JUEGOS

SALA DE BAILE

Cambio

CANCHAS

ALIMENTACIÓN

TERRAZA

BARCOS DE AQUILER

Lee estos letreros en un camping. ¿En qué dirección hay que ir? ¿A la derecha o a la izquierda? Pon unas señales (✓) en la tabla.

|  | <<< Izquierda | Derecha >>> |
|---|---|---|
| *Ejemplo:* *Quieres comprar un pastel.* |  | ✓ |
| **1** Quieres jugar al pingpong. |  |  |
| **2** Quieres comprar comida. |  |  |
| **3** Quieres ver una película. |  |  |
| **4** Quieres jugar al tenis. |  |  |
| **5** Quieres tomar un refresco al sol. |  |  |
| **6** Tienes libras y necesitas pesetas. |  |  |
| **7** Quieres remar. |  |  |
| **8** Tu padre quiere afeitarse. |  |  |
| **9** Quieres ir a una discoteca. |  |  |

[9 puntos: 🎯 6/9]

### 2 Lee y contesta

---

# CAMPING 'EL SOL'
## AVISO A NUESTROS CAMPISTAS

★ Se prohiben los perros y otros animales.
★ Se ruega no tirar basura al suelo. Usen las papeleras colocadas para este efecto.
★ Se ruega no fumar en las duchas o aseos. Tiren sus colillas en los ceniceros a su disposición.
★ Se ruega sólo usar el agua caliente entre las 7–10 de la mañana y las 9–11 de la noche. Tenemos que ahorrar agua este verano.
★ ¡Ojo con los ladrones! Dejen sus objetos de valor y su documentación en la caja fuerte de la recepción.
★ Se ruega no hacer ruido después de la una de la noche. Los coches que lleguen después de la una deben usar el aparcamiento cerca de la playa para no molestar a los demás.
★ Se prohibe montar en bicicleta y todo uso de monopatín alrededor de las tiendas. Usar las pistas ciclables al fondo del camping.
★ En caso de incendio, prevenir el recepcionista de guardia inmediatamente.
★ Los campistas no pueden cambiar de tienda sin avisar la recepción.
★ Hagan el favor de pagar el día antes de marcharse.
★ No se puede devolver los pasaportes ni los documentos nacionales de identidad si el importe no está pagado.

---

Indica la frase correcta y escribe la letra en la casilla.

**1 a** No se puede fumar en todo el camping.

   **b** No se puede fumar en los servicios. ☐

**2 a** Se paga al llegar al camping.

   **b** Se paga al final de las vacaciones. ☐

**3 a** Si hay un fuego hay que avisar al guardia.

   **b** Si hay un fuego hay que llamar los bomberos. ☐

**4** Para obtener los pasaportes:

   **a** Hay que pedírselos al recepcionista.

   **b** Se tiene que pagar la factura. ☐

**5 a** Siempre se tiene que aparcar dentro del camping.

   **b** A ciertas horas se tiene que aparcar fuera del camping. ☐

**6 a** Se tiene que esconder cheques y dinero en las maletas.

   **b** Hay que dejar su dinero con el encargado del camping. ☐

**[6 puntos: 4/6]**

---

### 3 Habla: diálogo

Has visto empezarse un incendio en tu camping. Han llegado los bomberos. Explícale a uno de ellos lo que pasó. Él habla primero.

1 Contesta a la pregunta.
2 Explica las causas.
3 Di quién llamó.
4 Tres cosas dañadas por el incendio.

### 4 Escribe

Escoge A o B.

**A** Escribe una postal a tu amigo/a describiendo tu camping y las diferentes facilidades que ofrece. Menciona cinco aspectos positivos y dos negativos. Escribe unas 100 palabras.

**B** Acabas de pasar tres días en un camping con tu familia. Ibáis a quedaros dos semanas pero las cosas no salieron bien. Escribe una carta de unas 100 palabras al propietario del camping, quejándote. Menciona:
- las fechas de tu estancia
- dónde exactamente en el camping estaba situada vuestra tienda
- los vecinos en la tienda de al lado y lo que hacían
- el estado de los servicios
- el ruido
- lo que pasó cuando llovió
- pídele que devuelva vuestro dinero.

## Una cantante famosa

### 1 Lee y contesta

Lee esta entrevista. Miguel Sorrín está entrevistando a Lisa Torres, cantante muy famosa.

**Miguel** ¿Te sientes nerviosa cuando cantas delante de miles de personas?

**Lisa** Nunca. Me encanta actuar y cuánto más público hay, mejor para mí. Siento una amistad fuerte con la gente y cuando canto es como si estuviera en casa.

**Miguel** Pero hay un aficionado tuyo que es algo especial, ¿no?

**Lisa** Pues estás hablando de Lope, mi marido, ¿no? Sí, es verdad. Es un aficionado mío y le conocí durante una de mis actuaciones en Madrid.

**Miguel** ¿Cómo? ¿Durante una actuación?

**Lisa** Sí, exacto. Estaba en la primera fila y llevaba un ramo de flores – doce rosas rojas, ¿sabes? Pues después de mi segunda canción, cuando el público daba aplausos, me hizo una señal – que quería darme las flores. Me acerqué y me dió las flores – y ¡un papelito con su número de teléfono!

**Miguel** Y ¿le llamaste?

**Lisa** Esa tarde no. Pero al día siguiente estaba en mi hotel sola – sin nadie . . . y me pregunté, ¿por qué no?

**Miguel** Y ¿qué pasó?

**Lisa** Pues nada. Le llamé – me invitó a cenar – fuimos después a una discoteca y dos meses más tarde, nos casamos. Fue la cosa más natural de mi vida.

**Miguel** ¿No crees que dos meses sea muy poco tiempo para conocer a una persona?

---

| | |
|---|---|
| **Lisa** | Normalmente, sí, pero esto fue algo excepcional. |
| **Miguel** | Y ¿cuánto tiempo lleváis casados? |
| **Lisa** | Nos casamos hace cinco años. |
| **Lisa** | Y ¿niños? |
| **Lisa** | Como los dos somos hijos únicos no sentimos la necesidad de tener hijos. |
| **Miguel** | Y ¿dónde vivís? |
| **Lisa** | Parece mentira, pero vivimos con mis padres. Los dos nos llevamos muy bien con mis padres y como tienen un piso inmenso y habitaciones libres, ¿por qué no? |
| **Miguel** | Y ¿en qué trabaja tu marido Lope? |
| **Lisa** | Es flautista en una orquesta. Pasa cuatro meses al año en América del Sur. |
| **Miguel** | Y ¿qué haces cuando tu marido se marcha? |
| **Lisa** | Pues me marcho con él. Doy conciertos en América del Sur y de esta manera nos quedamos juntos. |

Contesta a las preguntas siguientes.

1 ¿En qué trabaja Lisa Torres? Escribe la letra correcta en la casilla.
  **a** En el cine.
  **b** En la política.
  **c** En la música.
  **d** En el deporte.                                                     ☐

2 La entrevista trata cuatro temas. Pon los temas en el orden de la entrevista.

  **a** conciertos en el extranjero                                        ☐

  **b** como conoció a su marido                                           ☐

  **c** dónde vive                                                         ☐

  **d** la relación de Lisa Torres con su público.                        ☐

3 Escoge el adjetivo correcto de la casilla y completa la frase.
  Cuando llamó a Lope por primera vez Lisa Torres se sentía

  .................................. | avergonzada    solitaria    orgullosa    contenta |

4 Escribe la letra correcta en la casilla. La pareja . . .
  **a** . . . lleva dos meses casados y no tienen hijos.
  **b** . . . lleva cinco años casados y tienen dos hijos.
  **c** . . . lleva dos meses casados y tienen un hijo.
  **d** . . . lleva cinco años casados y no tienen hijos.                  ☐

5 Escribe la letra correcta en la casilla.
  **a** Ni Lisa ni Lope tienen hermanos.
  **b** Lisa tiene hermanos pero Lope no.
  **c** Lope no tiene hermanos pero Lisa sí.
  **d** Los dos tienen hermanos.                                          ☐

6 Escribe la letra correcta en la casilla. Cuando Lope se va a América del Sur . . .
  **a** . . . Lisa le acompaña.
  **b** . . . Lisa no le acompaña.
  **c** . . . Lisa da conciertos en España.
  **d** . . . Lisa da conciertos en Europa.                               ☐

**[9 puntos:  6/9]**

## 2 Escribe

Anoche fuiste a un concierto de Lisa Torres. Escribe una carta a tu amigo/a español/a mencionando:

- cómo obtuviste las entradas
- cómo fuiste al concierto
- con quién fuiste
- la música
- el ambiente
- lo que llevaba Lisa
- lo que hicisteis después.

## 3 Habla

Use the following pictures to describe a visit to a concert.

**1**

**2**

**3**

**4**

**5**

# El boletín meteorológico

## 1 Escucha y contesta

¿Qué tiempo va a hacer? Pon la letra correcta en la casilla.

**a**

**b**

**c**

**d**

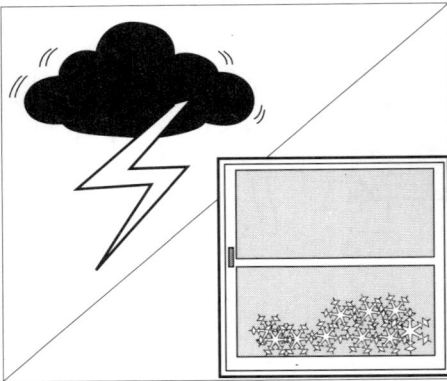

**e**

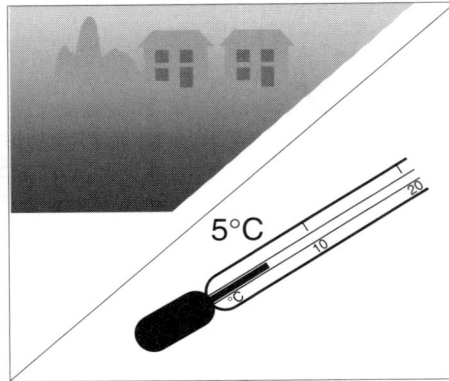

1 Málaga
2 Valencia
3 Madrid
4 Alicante
5 Los Pirineos

[5 puntos: 4/5]

## 2 Escribe

Estás de vacaciones y está lloviendo. Al final de un día de lluvia escribes a un amigo español describiendo cómo has pasado el día. Menciona:

■ el tiempo espantoso
■ que no tienes paraguas
■ un juego de cartas
■ juegos de sociedad
■ un programa de televisión
■ una visita al cine
■ la película
■ una visita a una pista de patinaje
■ un encuentro con una persona interesante

## En el camping 'El Sol'

**1** 📖 **Lee y contesta**

1 I, 2 I, 3 D, 4 I, 5 D, 6 D, 7 D, 8 D, 9 D

**3** 💬 **Habla: diálogo**

- ¿Cuándo empezó exactamente?
- ¿Cómo empezó?
- ¿Nos llamó Vd?
- ¿Ha hecho daño el incendio?

## El boletín meteorológico

**1** 📼 **Escucha y contesta**

Buenos días, radioyentes. He aquí el boletín meteorológico para hoy martes trece de enero.

En Málaga, va a llover por la mañana pero por la tarde hará sol.

En Valencia, habrá niebla por la mañana y por la tarde las temperaturas van a bajar.

En Madrid, va a nevar por la mañana pero por la tarde habrá viento.

En Alicante, hay que esperar tormentas por la mañana y un cielo anublado por la tarde.

En los Pirineos, habrá truenos y relámpagos por la mañana y una escarcha severa por la tarde.

Les deseo un buen día.

## En el camping 'El Sol'

**1** 📖 **Lee y contesta**

1 izquierda, 2 izquierda, 3 derecha,
4 izquierda, 5 derecha, 6 derecha, 7 derecha,
8 izquierda, 9 derecha, 10 derecha

[10 puntos: 🎯 6/10]

Puntuación sacada: .......... puntos

**2** 📖 **Lee y contesta**

1 b, 2 b, 3 a, 4 b, 5 b, 6 b

[6 puntos: 🎯 4/6]

Puntuación sacada: .......... puntos

## Una cantante famosa

**1** 📖 **Lee y contesta**

1 c, 2 d, c, b, a, 3 solitaria, 4 d, 5 a, 6 a

[9 puntos: 🎯 6/9]

Puntuación sacada: .......... puntos

## El boletín meteorológico

**1** 📼 **Escucha y contesta**

1 c, 2 e, 3 b, 4 a, 5 d

[5 puntos: 🎯 4/5]

Puntuación sacada: .......... puntos